新农村建设丛书 > 生产发展 / 生活富裕 / 乡风文明 / 村容整洁 / 管理民主

新农村金融
XIN NONG CUN JIN RONG ZHI SHI WEN DA

知识问答

李滨涛 编著

河北出版传媒集团
河北科学技术出版社

图书在版编目（CIP）数据

新农村金融知识问答/李滨涛编著 .-- 石家庄：
河北科学技术出版社, 2017.4（2018.7 重印）
ISBN 978-7-5375-8290-2

Ⅰ.①新… Ⅱ.①李… Ⅲ.①农村金融－中国－问题解答 Ⅳ.① F832.35-44

中国版本图书馆 CIP 数据核字 (2017) 第 030940 号

新农村金融知识问答
李滨涛　编著

出版发行：	河北出版传媒集团　河北科学技术出版社
地　　址：	石家庄市友谊北大街 330 号（邮编：050061）
印　　刷：	天津一宸印刷有限公司
开　　本：	710mm×1000mm　1/16
印　　张：	10
字　　数：	128 千字
版　　次：	2017 年 7 月第 1 版
印　　次：	2018 年 7 月第 2 次印刷
定　　价：	32.00 元

如发现印、装质量问题，影响阅读，请与印刷厂联系调换。
厂址：天津市子牙循环经济产业园区八号路 4 号 A 区
电话：(022) 28859861　邮编：301605

前言 /Catalogue

国家"十一五"规划提出了"建设社会主义新农村"的战略构想，从此我国进入了由农村支持城市转变为农村、城市协调发展的阶段，这对于我国国民经济的科学发展、缩小贫富差距、促进城乡一体化进程、构建和谐社会都有重要的战略意义。而建设社会主义新农村极为重要的一环就是农村金融的充分发展。当前我国农村人口超过7亿，一个健全的农村金融体系可以极大地促进农村经济持续发展、增加农民收入、调整农村产业结构、统筹城乡发展。可以说，农村金融的改革与发展是我国农村经济全面发展的重要前提和保障。正是在这样的背景下，笔者编写了此书。

针对农村金融知识普及现状，本书力求以通俗易懂的语言，以问答的形式为农村朋友着重介绍了农村实用性的金融知识。在书中为农村朋友介绍了金融在支持农村经济组织引进、开发和推广新品种、新技术，引导农村进行农业结构的调整，支持农户多种经营，解决农村发展设施农业、投资办企业的融资难题等方面的重要作用，让农村朋友学会用金融知识发展自己的事业。

本书分为六部分。第一部分让大家了解关于新农村建设与农村金融的问题。第二部分介绍了货币与货币政策的一些常识，以有利于农村朋友正确理解和运用中央金融政策，尽量使自己增加收入或减少亏损。第三部分介绍了利息、股票、基金等之后，又讲述了农村租赁、典当、期货农业等一些问题。第四部门介绍了农村金融风险与农村保险。第五部分介绍了金融机构，其中农村金融机构为重点内容。第六部分介绍了储蓄与贷款的问题，力图对农民储蓄收入的提高和贷款的充分利用有较大的帮助。

由于作者水平有限，文中若有不足之处，欢迎广大读者提出宝贵意见。

编 者

2015 年 5 月

目录/Catalogue

一、新农村建设与农村金融 …………………… 1

中央是怎样提出建设社会主义新农村的? ……………… 1
社会主义新农村建设主要建设哪些方面? ……………… 1
你知道新农村建设的总体目标是什么吗? ……………… 2
资金投入的不足是阻碍农村生活水平提高的主要原因吗? …… 2
怎样做才能缓解建设新农村的资金短缺问题? ………… 3
影响农村金融发展的因素有哪些? ……………………… 3
农村金融与农村经济发展有什么样的关系? …………… 4
农村金融为什么能提高农民的收入? …………………… 4
大力发展农村金融能促进农业科技进步吗? …………… 5
为什么说农村金融的发展可以提高农业生产率? ……… 5
农村金融应从哪些方面支持农村建设? ………………… 6
如何利用农业产业化契机发家致富? …………………… 7
农业产业化为什么急需金融的支持? …………………… 7
我们应建立什么样的农业产业化组织? ………………… 7
要实现农村工业化为什么需要农村金融的支持? ……… 8
农村城镇化的过程中为什么需要金融的支持? ………… 8
我们对金融的需求有什么样的差异? …………………… 9
农村金融的需求可分为哪几类? ………………………… 9
我们可以办几种类型的农村企业? ……………………… 9
农村企业需要哪些金融扶持? …………………………… 10
金融知识与农民收入有什么关系? ……………………… 10

二、货币及货币政策⋯⋯⋯⋯⋯⋯⋯⋯⋯⋯⋯⋯⋯⋯11

什么是货币？⋯⋯⋯⋯⋯⋯⋯⋯⋯⋯⋯⋯⋯⋯⋯⋯⋯⋯⋯11
如何识别假人民币？⋯⋯⋯⋯⋯⋯⋯⋯⋯⋯⋯⋯⋯⋯⋯⋯11
当前使用的第五套人民币的防伪特征有哪些？⋯⋯⋯⋯⋯12
发现假人民币如何处理？⋯⋯⋯⋯⋯⋯⋯⋯⋯⋯⋯⋯⋯⋯13
国家对出售、购买伪造货币的有何惩罚措施？⋯⋯⋯⋯⋯13
国家对持有、使用大量伪造货币的有何惩罚措施？⋯⋯⋯13
国家对变造货币的有何惩罚措施？⋯⋯⋯⋯⋯⋯⋯⋯⋯⋯14
哪些人民币不宜再流通？⋯⋯⋯⋯⋯⋯⋯⋯⋯⋯⋯⋯⋯⋯14
我们收到残缺、污损人民币后如何兑换？⋯⋯⋯⋯⋯⋯⋯14
残缺、污损人民币兑换的流程是怎样的？⋯⋯⋯⋯⋯⋯⋯14
你知道什么是信用卡吗？⋯⋯⋯⋯⋯⋯⋯⋯⋯⋯⋯⋯⋯⋯15
信用卡有什么作用？⋯⋯⋯⋯⋯⋯⋯⋯⋯⋯⋯⋯⋯⋯⋯⋯16
为什么说信用卡具有"先消费，后付款"的特点？⋯⋯⋯16
什么叫网上银行？⋯⋯⋯⋯⋯⋯⋯⋯⋯⋯⋯⋯⋯⋯⋯⋯⋯16
信用的内涵是什么？⋯⋯⋯⋯⋯⋯⋯⋯⋯⋯⋯⋯⋯⋯⋯⋯17
消费信用是怎么一回事？⋯⋯⋯⋯⋯⋯⋯⋯⋯⋯⋯⋯⋯⋯17
什么叫做货币保值？⋯⋯⋯⋯⋯⋯⋯⋯⋯⋯⋯⋯⋯⋯⋯⋯17
货币投放是什么意思？⋯⋯⋯⋯⋯⋯⋯⋯⋯⋯⋯⋯⋯⋯⋯18
货币回笼是什么意思？⋯⋯⋯⋯⋯⋯⋯⋯⋯⋯⋯⋯⋯⋯⋯18
什么叫通货膨胀？⋯⋯⋯⋯⋯⋯⋯⋯⋯⋯⋯⋯⋯⋯⋯⋯⋯18
通货膨胀有哪几个方面的影响？⋯⋯⋯⋯⋯⋯⋯⋯⋯⋯⋯18
通货紧缩的涵义是什么？⋯⋯⋯⋯⋯⋯⋯⋯⋯⋯⋯⋯⋯⋯19
通货紧缩的影响有哪些？⋯⋯⋯⋯⋯⋯⋯⋯⋯⋯⋯⋯⋯⋯19
消费者物价指数到底什么意思？⋯⋯⋯⋯⋯⋯⋯⋯⋯⋯⋯20
稳健的货币政策指的是什么？⋯⋯⋯⋯⋯⋯⋯⋯⋯⋯⋯⋯20
运用货币政策所采取的主要措施包括哪几个方面？⋯⋯⋯21
我们经常听到的扩张性货币政策指的是什么样的政策？⋯21
你知道什么是紧缩性货币政策吗？⋯⋯⋯⋯⋯⋯⋯⋯⋯⋯21
外汇是怎么一回事？⋯⋯⋯⋯⋯⋯⋯⋯⋯⋯⋯⋯⋯⋯⋯⋯22

外汇具有哪些作用？……………………………………………22
你知道汇率是什么吗？…………………………………………22
人民币升值会带来哪些好处？…………………………………23
人民币升值会带来哪些坏处？…………………………………23
人民币贬值有什么益处？………………………………………24
人民币贬值有什么弊端？………………………………………24

三、金融市场与金融业务 ……………………………… 25

什么是金融？……………………………………………………25
从事金融活动的机构有哪些？…………………………………25
金融体系指的是什么？…………………………………………25
金融对哪些方面会产生影响？…………………………………26
货币市场是什么样的？…………………………………………26
资本市场是什么样的？…………………………………………27
国家政策性金融指的是什么？…………………………………27
国家商业性金融指的是什么？…………………………………28
什么叫利息？……………………………………………………28
什么叫利率？……………………………………………………28
单利和复利各是什么意思？……………………………………29
什么是证券？……………………………………………………29
什么是债券？……………………………………………………29
什么是国库券？…………………………………………………30
什么是股票？……………………………………………………30
什么是股票市场？………………………………………………30
股票市场对国家经济发展有什么作用？………………………31
股票市场对股票购买者有什么作用？…………………………32
股票市场有什么不利影响？……………………………………32
我们常听说的A股、B股、H股、N股、S股、T股各自什么
　意思？…………………………………………………………32
红筹股与蓝筹股是如何区分的？………………………………33

什么叫成长股、热门股、绩优股、概念股？……………………33
什么是涨跌停板制度？……………………………………………33
什么叫开盘价？……………………………………………………34
什么是收盘价？……………………………………………………34
股票的开户流程是怎样的？………………………………………34
什么是股市泡沫？…………………………………………………35
我国主要证券交易所有哪几个？…………………………………35
什么是基金？………………………………………………………36
基金与合伙投资有关系吗？………………………………………36
投资基金有哪些收益？……………………………………………37
购买基金前需要的准备过程有哪些？……………………………37
我们如何购买基金？………………………………………………38
如何进行基金的赎回与撤回？……………………………………38
办理基金开户主要有哪两种途径？………………………………38
金融全球化到底是什么意思？……………………………………39
金融危机指的是什么？……………………………………………39
近年来国家在农村金融方面做了哪些工作？……………………40
你知道什么是农村商业性金融吗？………………………………41
你知道什么是农村政策性金融吗？………………………………41
农村企业出口货物时有信贷优惠吗？……………………………41
金融租赁是怎么一回事？…………………………………………42
农村有哪些物品可租赁？…………………………………………42
现代社会的典当指什么？…………………………………………43
哪些东西可以典当？………………………………………………43
典当综合费、当金利息是怎么回事？……………………………43
农地金融指的是什么？……………………………………………43
什么是期货农业？…………………………………………………44
农产品期货市场是一个什么样的市场？…………………………44
可以在农产品期货市场上进行哪些农产品交易？………………45
我国农产品期货市场现状如何？…………………………………45
农产品期货市场如何帮助我们实现风险转移？…………………46

农民如何投资赚钱? ……………………………………………… 47

四、金融风险与保险 …………………… 48

风险与投资有什么关系? ……………………………………… 48
农村金融风险包括哪些? ……………………………………… 48
农村金融风险有哪些特征? …………………………………… 49
应对金融风险的策略有哪些? ………………………………… 49
什么是保险以及相关的概念有哪些? ………………………… 50
购买保险对农民有什么好处? ………………………………… 51
购买保险对农村企业有什么好处? …………………………… 51
购买保险的一般流程是什么? ………………………………… 52
购买保险时必须如实告知哪些内容? ………………………… 52
订立保险合同时应包括哪些内容? …………………………… 53
保险事故发生时索赔的注意事项有哪些? …………………… 53
哪些行为保险人不予以赔偿? ………………………………… 54
你知道家庭财产保险中房屋保险的范围吗? ………………… 54
人身保险包括哪几类? ………………………………………… 55
办理人身保险时应注意哪些问题? …………………………… 55
怎样与保险公司打交道? ……………………………………… 56
农业风险有哪些? ……………………………………………… 56
什么是农业保险? ……………………………………………… 57
农业保险有哪些特点? ………………………………………… 57
我国农业保险发展状况如何? ………………………………… 58
农民自身的哪些思想观念阻碍了农业保险的发展? ………… 58
当前保险公司的赔付率、保险费率怎样? …………………… 59
农业保险商业化经营中出现了什么问题? …………………… 59
政府对农业保险的监管出现了什么问题? …………………… 59
农业保险的再保险机制建立了吗? …………………………… 60
粮食作物保险及特点是什么? ………………………………… 60
经济作物保险及特点是什么? ………………………………… 61

什么是蔬菜保险? ……………………………………………………… 61
什么是园林保险? ……………………………………………………… 62
温室园艺作物种植保险可予以保险的范围是怎样的? ………………… 62
什么是饲料作物保险? ………………………………………………… 63
蔬菜、园林、饲料、特种作物保险的特点有哪些? …………………… 63
什么是林木保险,它的特点是什么? …………………………………… 64
什么是养殖业保险? …………………………………………………… 64
奶牛保险基本险的保险范围有哪些? …………………………………… 65

五、金融机构 …………………………………………… 66

什么是中央银行? ……………………………………………………… 66
中央银行有什么作用? ………………………………………………… 66
政策性银行指的是什么? ……………………………………………… 67
我国三大政策性银行各自的功能都是什么? …………………………… 67
农业发展银行在支持农村发展中出现了什么问题? …………………… 68
国有商业银行指的是什么? …………………………………………… 68
商业银行的功能是什么? ……………………………………………… 68
农业银行在帮助农村经济发展过程中出现了哪些问题? ……………… 69
什么是非法金融机构? ………………………………………………… 69
什么是非法金融业务活动? …………………………………………… 69
什么是非法吸收公众存款和变相吸收公众存款? ……………………… 70
你知道什么是非法集资活动吗? ……………………………………… 70
非法集资活动的基本特征是什么? ……………………………………… 70
你知道从事非法集资活动经常都是打着哪些幌子进行的吗? ………… 70
如何识别非法集资活动? ……………………………………………… 71
如何防范非法集资风险? ……………………………………………… 72
怎样和银行保持良好的关系? ………………………………………… 72
非银行金融机构指的是什么? ………………………………………… 72
什么是合作金融机构? ………………………………………………… 72
保险机构是指哪些机构? ……………………………………………… 73

当前我国农村有哪些金融机构？···73
我国农村金融机构存在哪些问题？···73
什么是农村正式性金融？···74
什么是农村非正式金融？···74
中国农业银行对"三农"的支持情况怎样？·····························74
中国农业发展银行对"三农"的支持情况是什么样的？···········74
农村合作金融机构对"三农"支持情况如何？·························75
邮政储蓄在支持"三农"中出现了哪些问题？·························75
非正式金融存在哪些问题？···75
非正式金融部门经营特点是什么？···75
正式金融部门经营特点是什么？···76
什么样的机构可被称为农村合作金融机构？·························76
什么是农村信用合作社？···76
农村信用合作社有哪些主要特点？···77
农村信用合作社存在着哪些问题？···78
最新一轮的农村信用社改革有什么特点？·····························79
什么样的银行称为农村商业银行？···79
农村商业银行对股东是如何规定的？·····································80
什么样的银行称为农村合作银行？···80
农村合作银行对股东是如何规定的？·····································81
什么是农村资金互助社？···81
农村资金互助社可经营的业务有哪些？·································81
农民向农村资金互助社入股应符合哪些条件？·····················82
农村小企业向农村资金互助社入股需要什么条件？·············82
农村资金互助社的社员享有哪些权利？·································82
村镇银行指的是什么？···83
村镇银行股东设置有哪些要求？···83
村镇银行可经营哪些业务？···83
设立村镇银行应当具备哪些条件？···84
农村的贷款公司是干什么的？···84
贷款公司可经营哪些业务？···84

设立贷款公司应当符合什么条件? ……………………………85
什么是小额贷款公司? …………………………………………85
所谓的农村自由借贷指的是什么? ……………………………85
什么叫互助借贷性质的合会? …………………………………86
合会的运行方式是怎样的? ……………………………………86
什么是私人钱庄和钱背? ………………………………………87
什么是农村互助储金会? ………………………………………87
农村合作基金会在我国的发展历程是什么样的? ……………87
农村金融服务公司指的是什么? ………………………………88
什么叫民间集资? ………………………………………………88
农民如何与金融部门接触沟通? ………………………………88

六、储蓄与贷款 …………………………………… 90

存款包括哪三种类型? …………………………………………90
活期存款怎样办理? ……………………………………………90
整存整取定期储蓄存款怎样办理? ……………………………91
零存整取定期储蓄存款怎样办理? ……………………………91
你知道什么是教育储蓄吗? ……………………………………91
教育储蓄开户、存款时应注意哪些事项? ……………………92
支取教育储蓄有哪几种情况? …………………………………92
存折(单)丢失后怎样办理手续? ……………………………92
储蓄存款继承、过户的手续怎样办理? ………………………93
选择存款种类时有哪些常识? …………………………………94
日常储蓄存取有哪些技巧? ……………………………………94
怎样计算活期储蓄存款利息? …………………………………95
怎样计算定期储蓄存款利息? …………………………………95
怎样计算定活两便储蓄存款利息? ……………………………95
怎样计算自动转存和约定转存的利息? ………………………96
储蓄存款如何避免利息损失? …………………………………96
急需存款时,如何在提前支取与小额抵押贷款之中做出选
　择呢? …………………………………………………………96

我国有关储蓄存款利息计算的规定是什么？ ………………… 97
储蓄存款利息所得应交纳的个人所得税（即利息税）是怎样规
　　定的？ …………………………………………………………… 97
我国是如何对存款人进行保护的？ ………………………………… 97
商业银行的哪些行为必须向存款人承担责任？ …………………… 98
借款人的权利有哪些？ ……………………………………………… 98
我国的贷款原则有哪些？ …………………………………………… 98
怎样选择贷款时机？ ………………………………………………… 99
贷款包括哪几种类型？ ……………………………………………… 99
信用贷款是怎么一回事？ …………………………………………… 99
什么是银行信贷？ ………………………………………………… 100
生产费用贷款指的是什么？ ……………………………………… 101
生产设备贷款指的是什么？ ……………………………………… 101
流动资金贷款指的是什么？ ……………………………………… 101
多长时间的贷款称为短期贷款？有什么用途？ ………………… 102
多长时间的贷款称为中长期贷款？ ……………………………… 102
中长期贷款有几种类型呢？ ……………………………………… 102
向商业银行贷款需要符合哪些要求？ …………………………… 103
申请贷款的程序是怎样的？ ……………………………………… 103
我国法律对借款人有哪些限制？ ………………………………… 104
我国的贷款行有哪些义务？ ……………………………………… 105
我国法律对贷款人有哪些限制？ ………………………………… 105
借款合同需要包含哪些内容？ …………………………………… 106
什么是农村互助担保？ …………………………………………… 106
保证贷款是什么样的贷款？ ……………………………………… 106
保证贷款中保证人需符合的条件有哪些？ ……………………… 106
保证贷款的保证期间有哪些规定？ ……………………………… 107
《中华人民共和国担保法》是如何规定保证合同的？ ………… 107
保证担保的范围是怎样界定的？ ………………………………… 108
什么是抵押贷款？ ………………………………………………… 108
抵押贷款可抵押的财产有哪些？ ………………………………… 109

哪些财产不得抵押？ 109
去哪些部门进行抵押物登记？ 110
抵押的效力是怎样的？ 110
清偿抵押时应注意哪些问题？ 111
土地作为抵押物清偿时有哪些规定？ 111
什么是最高额抵押？ 112
什么是动产质押贷款？ 112
动产质押合同包含哪些内容？ 112
动产质押贷款中质权人有哪些权利与义务？ 112
清偿质权时需要注意哪些问题？ 113
哪些权利可以质押以及注意事项是什么？ 113
以商业票据作质押时应注意哪些问题？ 113
以股票作质押时应注意哪些问题？ 114
以可转让的商标专用权、专利权、著作权中的财产权作质押时
　应注意哪些问题？ 114
担保贷款中的定金指的是什么？ 114
农村小额贷款对象有哪些？ 114
农村小额贷款用途有哪些？ 115
农村小额贷款的额度是多少？ 115
农村小额贷款期限是多长？ 115
农村小额贷款的贷款利率如何？ 116
农村小额贷款贷款手续是怎样的？ 116
进行农业贷款时可获得什么样的优惠？ 117
什么是小额担保贷款财政贴息资金？ 117
农村青年创业小额贷款的贷款对象是谁？ 118
农村青年创业小额贷款的额度是多少？ 118
农村青年创业小额贷款的期限是多长？ 118
农村青年创业小额贷款的发放方式是怎样的？ 118
创业融资时需要注意什么问题？ 118
初始创业时怎样才能获得银行的贷款支持？ 119
经营活动异常时怎样获得银行追加贷款的支持？ 119

当前的小额贷款存在着哪些问题? ………………………………… 119
信用社投放贷款的对象有哪些? ………………………………… 120
信用社贷款的灵活性体现在哪几个方面? ……………………… 120
信用社贷款的投放区域有哪些? ………………………………… 121
什么是农村合作金融机构社团贷款? …………………………… 121
社团贷款借款人应具备什么条件? ……………………………… 121
社团贷款一般投向哪里? ………………………………………… 121
社团贷款的工作流程是怎样的? ………………………………… 121
社团贷款合同应包含哪些内容? ………………………………… 122
金穗惠农卡会给我们带来哪些用处? …………………………… 122
怎么办理金穗惠农卡? …………………………………………… 123
什么是惠农信用卡? ……………………………………………… 124
惠农信用卡有哪些功能? ………………………………………… 124
惠农信用卡的申领条件及方式是什么样的? …………………… 125
中国农业银行的农户小额贷款是什么样的? …………………… 125
什么是县域商品流通市场建设贷款? …………………………… 126
县域商品流通市场建设贷款有何功能? ………………………… 126
怎样办理县域商品流通市场建设贷款? ………………………… 127
什么是化肥淡季商业储备贷款? ………………………………… 127
化肥淡季商业储备贷款的特色是什么样的? …………………… 128
怎样办理化肥淡季商业储备贷款? ……………………………… 128
农村城镇化贷款指的是什么? …………………………………… 128
什么是城镇化一般项目贷款? …………………………………… 129
什么是城镇化垫支性项目贷款? ………………………………… 129
农村城镇化贷款功能特色是什么? ……………………………… 129
什么是农村基础设施建设贷款? ………………………………… 129
农村基础设施建设贷款有什么特征? …………………………… 129
怎样办理农村基础设施建设贷款? ……………………………… 129
农村信用社农户小额信用贷款是做什么的? …………………… 130
农村信用社小额信用贷款的贷款条件有哪些? ………………… 131
申请信用社农户小额贷款需要提交的资料有哪些? …………… 131

申请信用社农户小额贷款流程是怎样的？ …………………… 131
什么是农村信用社小企业联保贷款？ …………………… 131
农村信用社小企业联保贷款的办理流程是怎样的？ …………………… 132
信用社对小企业联保贷款对象的要求有哪些？ …………………… 132
小企业成立联保小组应具备哪些条件？ …………………… 132
农村信用社农户联保贷款指的是什么？ …………………… 132
农户联保小组成员具备的基本条件有哪些？ …………………… 133
什么是生源地国家助学贷款？ …………………… 133
哪些学生可办理生源地国家助学贷款？ …………………… 133
申请生源地国家助学贷款的条件有哪些？ …………………… 134
申请国家助学贷款需要提交哪些资料？ …………………… 134
申请国家助学贷款的流程是怎样的？ …………………… 135
办理助学贷款时怎样选择助学贷款类型？ …………………… 135
怎样合理确定助学贷款金额？ …………………… 135
怎样还款比较划算？ …………………… 136
办理助学贷款时选择什么样的担保？ …………………… 137
农村信用社个人汽车消费贷款是怎么一回事？ …………………… 138
个人汽车贷款借款人必须具备哪些条件？ …………………… 138
申请个人汽车贷款需提供的资料都有哪些？ …………………… 139
申请个人汽车贷款办理程序是怎样的？ …………………… 139
什么是信用社个人质押贷款？ …………………… 139
个人质押贷款的申请条件有哪些？ …………………… 140
向银行申请个人质押贷款应提交什么资料？ …………………… 140
信用社信通卡收费标准是什么样的？ …………………… 140
买房资金不够时申请哪种贷款较合适？ …………………… 142
老年人申请什么样的贷款比较合适？ …………………… 142
什么样的贷款被称做分期付款？ …………………… 143

参考文献 …………………… **144**

一、新农村建设与农村金融

◆ **中央是怎样提出建设社会主义新农村的?**

在毛泽东时代，"建设社会主义新农村"这一提法就多次出现在中央文件中。自新中国成立以来，我国农村经济经历了一系列的发展与变化，中央政府也先后出台了多个"一号文件"支持"三农"的发展，"三农"问题一直都是我国国民经济发展的重中之重，但以前的"一号文件"都只是侧重于某一个方面，"三农"问题也只是从局部着手。

在"十一五"规划中，中共中央提出了未来五年科学发展的十大方略，"建设社会主义新农村"位列之首。在十六大上，中央提出解决"三农"问题必须统筹城乡经济社会发展，十六届三中全会将统筹城乡放在了"五个统筹"之首；一年后，胡锦涛在十六届四中全会上提出了著名的"两个趋向"论断，指出中国已进入以工补农、以城带乡的阶段。在十六届五中全会上，则正式提出要"建设社会主义新农村"。

◆ **社会主义新农村建设主要建设哪些方面?**

新农村建设要求是"生产发展、生活宽裕、乡风文明、村容整洁、管理民主"，该要求以为农民提供满足生存和发展需要最基本的公共产品和公共服务为重点，涉及经济、政治、文化、社会四个领域。

建设内容包括：改善农民生存条件的基础设施建设；改善农业、农村生产条件的基础设施建设；向农民提供包括医疗、卫生、教育、社会保障等最基本的公共服务；以体制、机制改革为主的农村制度建设。

◆ **你知道新农村建设的总体目标是什么吗？**

党的十六届五中全会通过的《中共中央关于制定国民经济和社会发展第十一个五年规划的建议》（以下简称《建议》），做出了建设社会主义新农村的重大战略决策。《建议》从社会主义现代化建设的全局出发，明确提出要继续把解决好"三农"问题作为全党工作的重中之重，实行工业反哺农业、城市支持农村，推进社会主义新农村建设，促进城镇化顺利发展。这就从根本上为解决"三农"问题指明了方向。

2006年中央一号文件《中共中央国务院关于推进社会主义新农村建设的若干意见》又进一步提出："十一五"时期要全面贯彻落实科学发展观，统筹城乡经济社会发展，实行工业反哺农业、城市支持农村和"多予、少取、放活"的方针，按照"生产发展、生活宽裕、乡风文明、村容整洁、管理民主"的要求，协调推进农村经济建设、政治建设、文化建设、社会建设和党的建设。这既是社会主义新农村建设的总体目标，也是对新农村建设的具体要求。这概括新农村建设内涵的20个字不仅勾勒出一幅令人向往的现代化的美丽图景，也契合中国传统文化对于乡村社会的想象。

◆ **资金投入的不足是阻碍农村生活水平提高的主要原因吗？**

当前我国出现的农业投入不足，实际上主要是资本的投入不足，这是阻碍我们农村发展的最重要原因。从我国的实际情况可以看到资本仍是农业最稀缺的要素。首先，土地作为不可再生的自然资源，其数量基本上是无法增加的。其次，劳动力的数量不是不足，而是大量过剩，远远超过了实际需要，甚至已对农业的发展产生不利影响。而资本的投入无论是实物资本还是货币资本，都可以大幅度地促进农业的发展。

但是由于资本的高流动性和趋利性，它可以在短时期内从一个效益低的部门转移到其他经济效益高的部门。农业受其自身经营方式和经营条件的限制，不仅难以从其他产业部门吸引资源，而且难以控制自身资源的流失，其后果是农业资本的严重不足。农业现代化的发展，必须以农业投资增长、农业物质技术装备水平提高为前提。所以说，农业和农村经济的发展、农民收入的增加，离不开必要的资金投入。

多年来，我国农业资金投入一直不多，已经成为阻碍我国农业和农村经济发展的"瓶颈"。农业资金的投入不足，直接导致了我国农民收入可持续增长缺乏动力；农业现代化进程缓慢；农业科技研发与推广受限；农村公共品短缺、农业设施建设落后；农村文化教育事业、农村公共卫生和基本医疗服务体系不健全等等。因此，资金投入不足严重制约了农村生活水平的提高。

◆ 怎样做才能缓解建设新农村的资金短缺问题？

新农村建设要解决的一个核心问题，就是所需资金的来源问题。新农村建设时间长、需要资金数额巨大，大部分新增建设项目属于准公共产品或私人产品，如果这些都由财政出资建设显然既不现实也不合理。因此，除了发挥财政支农在新农村建设中的主导作用外，新农村建设资金应该具有多元性。

新农村建设资金来源渠道主要包括：财政支农投入（包括原有的财政支农投入及在扩大公共财政覆盖范围后新增的财政投入）；金融支持（包括商业银行、政策性银行、农村合作金融机构、国外国际金融组织贷款等各种金融机构的对新农村建设的融资）；此外，农民自身、农村社区集体、专业合作组织、农业产业化经营组织、龙头企业等各类社会力量也应在力所能及的范围内对新农村建设出资。我们要充分运用这三种渠道以解决资金短缺问题。

◆ 影响农村金融发展的因素有哪些？

发展农村金融除了提高存款利率、降低贷款利率、放松金融管制以外，还应该充分考虑农业、农村和农民的特殊性：

（1）农业本身具有弱质性、低利性和外部性的特征。在发展中国家农业作为农村的主要产业，农业发展直接关系到整个农村经济的发展。在农村金融深化的过程中，在培育农村金融市场的同时，政府必须认识到农业本身的弱质性、低利性和外部性，需要国家通过农业政策金融对农业信贷市场进行干预，为农业发展提供充足的信贷资金。

（2）农村地区贫困落后的状况。在发展中国家，农村金融发展的滞后往往和经济上的贫穷落后相伴而生。金融滞后使得农村地区资金供给缺乏，资金分配无效率，经济不能"起飞"；同时正是由于经济的贫困，没有更多的收入形成储蓄，在没有外部资金流入的情况下，经济发展形成恶性循环的怪圈。因此解决农村地区的金融问题，改变贫穷落后的局面，必须把发展农村金融和对农村地区的扶贫开发紧密结合起来。

（3）由于受到教育水平、阅历等方面的限制，分散的、无组织的农民一般没有掌握现代的技术知识，文化水平低，而且受到传统观念束缚，农民在市场信息的把握、前景的预测、风险的估计等方面存在着认识力的不确定性。因此，在利用金融发展农村地区经济的同时，必须注重对农民的教育和技术支持才能达到理想的效果。运用信贷资金发展农民教育和对农民提供技术支持是金融深化过程中必须引起重视的问题。

（4）农村金融机构（很多地方仅指信用社）的行为表现出较明显的不科学性。比如，1992～1994年乡镇企业快速发展时期，不顾风险较随意地放贷造成了大量的不良贷款；1995～1997年宏观紧缩背景下的"惜贷"带来了至今仍然普遍存在的农村中小企业和农民贷款难的问题；最近两年在各级政府把解决"三农"问题作为一项重要任务，农村信用社在"理应承担起为农村地区提供金融服务的重任"的号召下，农户小额贷款的获得虽然已较以前方便，但较大规模的贷款仍然不能满足。

◆ **农村金融与农村经济发展有什么样的关系？**

农村金融是构成一国宏观金融体系的重要组成部分。基于"经济决定金融，金融反作用于经济"这一重要共识，一个国家农村金融的发展程度是由该国农村经济发展情况决定的，但农村金融状况的好坏在很大程度上影响着农村经济发展的速度。

金融可以通过提高储蓄、投资的总水平和有效配置资金这两条渠道达到促进经济发展的作用。金融工具和金融机构提供的选择机会越多，人们从事金融活动的欲望会越强烈，社会资金积累的速度就越快。在资金总量既定的情况下，金融活动越活跃，资金使用效率越高，越能促进经济的发展。

◆ **农村金融为什么能提高农民的收入？**

农村金融的发展表现为农村金融机构数量的增多，农村金融机构服务

一、新农村建设与农村金融

质量的提高,以及金融业务和金融工具的增加,这些都为农村经济发展提供了积极的因素。

多层次的金融体系所提供的多样化的金融服务为农村中的农户和乡镇企业提供了多种筹措资金的渠道和多种筹资工具,可以更加方便地获得资金,对农户来说意味着降低获得资金的成本。从金融机构获得资金后,农户能够承担更大的债务和从事更大规模的生产投资,这样可以提高农户生产积极性,从而增加农民收入,促进农村经济增长,把农村从狭小的天地里彻底解放出来。

◆ **大力发展农村金融能促进农业科技进步吗?**

农业技术进步的涵义包括两个层面:一是农业技术创新;二是农业技术创新成果应用的推广与普及。农村金融的发展与完善不仅为技术创新提供了资金支持,而且其突出贡献也表现在对科技成果迅速传播和普及并现实转化为生产力方面。

首先,金融产业作为现代经济的核心,同时也是社会、经济、技术、文化等信息的中心,这为农业技术信息在农村的区际间传播创造了条件。

其次,农村金融的发展带来了金融服务质量的提高和服务领域的拓展,农业科技成果在金融的推动下,减少了普及应用的中间环节的阻塞,扩大了其广泛应用的空间,推动了"绿色革命"的发展。

◆ **为什么说农村金融的发展可以提高农业生产率?**

金融通过促进农业生产资源的再配置和规模节约,将促进农业投入要素生产率的提高。在农业生产资源总量既定的前提下,优化资源的配置并实现规模节约是农村经济集约增长的显著要求,而农业生产资源的优化配置和规模节约都是凭借有效的市场实现的。这不但需要有效的农村商品市场、劳动力市场、技术市场和信息市场,更需要发达的农村金融市场。

货币资金不仅是农村一般生产资源和经济资源的联结手段和运载媒体，而且也是农村社会再生产最基本的条件，对整个农村商品经济运行和资源配置过程发挥着有力的导向作用和著名的"第一推动力和持续推动力"作用。

在现代市场经济中，生产要素的运动变化表现为资金运动与形式的变化，生产要素的加入与退出表现为资金的循环，各种生产要素和资源是以货币资金为聚合手段结合在一起的，从而使潜在的生产力得以实现。

现代市场经济的运行规程是价值流引导实物流，货币资金运动引导物质资源运动。从这个意义上讲，只有实现资金的合理配置，才能使各种资源得到充分合理的利用，从而提高农业生产率。

◆ 农村金融应从哪些方面支持农村建设？

我们可以把社会主义新农村建设需要投资的主要对象界定为纯公共产品、准公共产品以及部分私人物品。纯公共产品（国防、秩序、环保、科技、教育、文化等）的建设费用归由政府承担，准公共产品（如政府兴建的公园、拥挤的公路）由政府和农民共同出资，而私人物品（家电、服装、交通工具等）由农民自己出资。

长期以来我国城乡间公共产品存在供给失衡的问题，农村公共产品供给与城市公共产品供给制度有很大差别。农村公共产品成本基本上由农民自己负担，成本分担中存在着严重的非累进机制，导致低收入者往往承担了更多的成本，农民不仅要分摊乡村两级所提供的公共产品成本，还要分摊地区性、全国性的公共产品成本。

新农村建设的目标之一就是要通过调整现有分配制度，改变这种城乡公共产品分配不均的现状。新农村建设不仅要坚持"多予、少取、放活"的方针，同时还要扩大公共财政覆盖农村的范围，弥补历史亏欠和改变城乡间再分配失衡的情况。

基于上述考虑新农村建设中政府可能会增加纯公共产品的财政投入，提高准公共产品中政府投入的比重，财政向部分具有公共品性质的私人物品提供补助。

◆ 如何利用农业产业化契机发家致富？

农业产业化是"以国内外市场为导向，以提高经济效益为中心，对当地农业的支柱产业和主导产品，实行区域化布局，专业化生产，一体化经营，社会化服务，企业化管理，把产供销、贸工农、经科教紧密结合起来，形成.一条龙.的经营体制"。

农业产业化的普遍形式是"公司＋农户"式的比较松散的契约结合体和股份合作制农庄式的以产权为纽带的紧密结合体。这两种形式都是在不改变农村现行体制的前提下，克服以一家一户为基本单位的小生产和大市场的矛盾，打破农、工、商脱节，产、供、销分离的旧的生产和营销格局的必然产物。农民要根据农作物的品种、产量、特征以及生活状况选择适合的形式从农业产业化大潮中获利。

◆ 农业产业化为什么急需金融的支持？

目前，我国农业产业化发展水平有了较大的提高，但仍存在着一些问题，比如龙头企业总体规模偏小，特别是农产品加工水平低，这与我国农业生产和消费大国的地位很不相称。

目前，一些发达国家农产品产后加工能力在70%以上，农产品加工产值与农业产值的比重为3:1至4:1，而我国农产品加工转化率只有40%左右。

农业产业化发展环境有待优化，特别是企业贷款比较困难，经常由于龙头企业资金缺口问题影响企业对农产品的收购，"贷款难"成了制约需要大量资金支持的农业产业化的发展瓶颈。

另外，建立现代化的农业产业化企业，把先进的经营理念、物质装备、生产技术等要素导入农业领域，必须依靠农村金融的大力支持。

◆ 我们应建立什么样的农业产业化组织？

要解决小生产与大市场的矛盾，我们建立的农业产业化必须以市场为导向，以利益为纽带，以契约为形式，以农业企业为龙头，以农业生产基地为依托，以农户为基础，将农业产前、产中和产后有机联结起来，克服农业利益被分割。全国主要有龙头企业带动、市场带动、主导产业带动、中介组织带动、科学技术带动、集团开发带动六种模式，我们要跟据实际情况选择最佳的方式。

◆ **要实现农村工业化为什么需要农村金融的支持?**

农村工业化发展战略具有十分重要的现实意义,既有利于整个国民经济的发展,又有利于延伸农业产业化链条,扩大农业产业化成果,推进科教兴农战略并实现农村人力资源的开发。显然农村工业化发展战略并不是要"化"掉农业和农业作为基础产业的地位,而是要通过技术进步与发展教育的手段提高农民素质,增加农民收入,进而改变传统农业的落后生产方式,为农业提供资金,消化农业过剩人口,并以市场为纽带,建设农工贸一体化、经科教相结合的农村经济可持续发展的新模式。

20世纪90年代中后期开始,农村工业化选择了一条新的路径,即集中发展工业园、科技园,建设经济技术开发区,目的在于把农村工业化与城镇化结合起来。然而,许多农村及偏远落后地区进行工业科技园、经济开发区的建设,仍需要大量的资金投入。在此进程中,金融如何融入并有效发挥支撑作用,始终是一个比较核心的问题。

◆ **农村城镇化的过程中为什么需要金融的支持?**

我国发展的方向在农村,农民、农村、农业这一大问题的出路归根到底要靠加快小城镇建设。我国已进入由工业化初期向中期过渡的时期,但是城镇化进程严重滞后,关键问题在于城镇建设的固定资产投入不足。

长期以来,我国农村的固定资产投资和农业发展投入,全靠国家财政。改革开放以后,国家财政支农资金在国家财政总支出中的比重逐年下降,财政支农的形势日益严峻,必然对农村金融的支农功能提出新要求。

金融的功能在于,它能在财政支持不足的情况下,发挥金融"化储蓄为投资"的超前支持效果,发挥金融现代经济核心的作用。加大金融的支

持对解决目前我国"三农"资本投入不足问题具有非常重要的作用。

◆ **我们对金融的需求有什么样的差异？**

在我国，区域经济的不平衡，造成了农村金融市场的显著地域差异，也决定了农村金融需求必然是一种多层次的结构。

在沿海等发达地区，多数农民的就业和收入已非农化，金融需求主要表现为农村城市化和工业化的需要；在内陆的中部地区，特别是农业主产区，由于农业生产仍亟待规模扩大与质量提升，金融需求更多体现为农业生产的需要；而在欠发达地区，农民往往由于缺乏应对大项支出和临时性支出的能力，金融需求则主要表现为消费型生活需求。

另外，即使在同一区域的农村内部，金融需求也呈现出多层次性，企业与农户之间、规模不同的企业之间、生产模式不同的农户之间，对金融服务的需求也存在差异。如一般种植业农户的金融需求主要是小额信贷，而当地的农业龙头企业则适用于规模化及专业化的大额贷款，两者不可相互替代。

◆ **农村金融的需求可分为哪几类？**

我们可以把我国的农村金融需求概括地分为农村发展需求、农业生产需求以及农民生活需求这三个层面。

农村发展需求是从宏观社会发展角度出发的一种对农村金融需求的总括，含义上侧重于农村社会发展、农村基础设施建设、农村教育和社会文明的提高等社会综合层面，在很大程度实际上是农村社会发展对公共产品的需求。

农业生产需求主要针对的是农户经营以及小规模农业生产组织在农业生产上的货币需求，是一般意义上农村金融需求的核心内容。

农民生活需求则属于农民家庭生活对货币的需要。但由于农户属于生产生活的综合体，它使得农业生产需求和农民生活需求经常性地交织在一起，从而表现为农户的金融需求。

◆ **我们可以办几种类型的农村企业？**

农村企业包括农业企业和非农业企业。农业企业是指设立在农村的，以农产品为对象或为农业生产直接提供支持的生产、加工、流通、服务等各种类型的农村企业，其在理论和实践上都被纳入农业经济发展范围，并因其农业经济性质，而受到国家农业政策的支持。

非农业企业则指设立在农村的，但其生产经营活动与农业生产不具有直接联系的各种农村企业，是真正意义上的农村非农产业，由于其对农村经济增长和劳动力转移的特殊作用，在农村经济结构调整中，一直受到政府尤其是地方政府的积极支持。

◆ 农村企业需要哪些金融扶持？

农业企业中的微型、家庭经营型企业或小型企业由于处于发展初期，规模小，自我积累能力不足，担保能力和资金需求不对称，市场不稳定，信誉处于形成之中，面临较大的市场风险，对农村金融的需求主要是企业兴建、扩张和启动市场、扩大市场规模投入的资金需求。金融部门应提供企业联保贷款、生产设备贷款、流动资金贷款等业务。

农村企业中已经具有一定规模的企业的金融需求则主要是面向市场的资源开发利用、产品更新、技术进步以及进一步扩大市场份额，提高市场竞争能力和占有率的资金需求。这些企业中的农业企业由于农产品生产和加工周期长和季节性，以新、活产品为主，储存、运输、保鲜难，市场风险大，利润率低，但经济社会发展又不可或缺等特点，需要金融部门提供抵押贷款、质押贷款等业务。

◆ 金融知识与农民收入有什么关系？

如果一个农民对金融理论、金融法规、金融机构、金融业务有一定的了解，那么他就可以合理确定储蓄种类，申请恰当的贷款，参与必要的农业保险，投资理财有好的收入，并且可以维护自己的金融权利，从而提高自己的收入，提高生活水平。

二、货币及货币政策

◆ **什么是货币？**

货币是固定地充当一般等价物的商品。一般等价物指从商品世界中分离出来充当其他商品统一价值的特殊商品。羊羔——货币——斧头这个商品流通流程中，货币的价值与羊羔和斧头相等，即为等价物，货币固定地承担着这种作用。

货币流通贯穿经济生活的方方面面：以个人为中心的货币收支，以公司、企业等经营单位为中心的货币收支，以财政及机关、团体为中心的货币收支，以银行等金融机构为中心的货币收支，以及对外的货币收支等。

◆ **如何识别假人民币？**

对普通群众来讲，识别假币最简单方法可以概括为：

（1）看。看钞票的水印是否清晰，有无层次感和立体效果。假币水印的特点是模糊，无立体感，变形较大，多是用浅色油墨加印在纸张正、背面，不需迎光透视就能看到；看安全线，假币的安全线一般是印上或画上的颜色，如加入立体实物，会出现与票面皱褶分离的现象；看整张票面图案是否统一。

（2）摸。现在的人民币均采用了凹版印刷，触摸票面上凹印部位的线条，有凹凸感，人民币纸币在人物、字体、国徽、盲文点处都采用了这一技术。假币图案平淡、手感光滑、花纹图案较模糊，且多由网点组成。

（3）听。钞票纸是特殊纸张，挺且耐折，用手抖动会发出清脆的声音。

（4）测。用紫光灯检测无色荧光反映，用磁性仪检测磁性印记，用放大镜检测图案印刷的接线技术及底纹线条。50元、100元券人民币分别在正面主图景两侧印有可在紫外光下产生金黄色荧光反应的面额数字"50"、"100"和汉语拼音"WUSHI"、"YIBAI"。

◆ **当前使用的第五套人民币的防伪特征有哪些？**

（1）固定水印：均位于各票面正面左侧空白处，迎光透视，可以看到立体感很强的水印。100元、50元纸币的固定水印为毛泽东头像图案；20元、10元、5元纸币的固定水印分别为荷花、月季花和水仙花图案。

（2）红、蓝彩色纤维：在各券别票面上均可以看到纸张中有不规则分布的红色和蓝色纤维。

（3）安全线：在各券别票面正面中间偏左，均有一条安全线。100元、50元纸币的安全线，迎光透视，分别可以看到缩微文字"RMB100"、"RMB50"，仪器检测均有磁性；10元、5元纸币安全线均为开窗式，即安全线局部埋入纸张中，局部裸露在纸面上，开窗部分分别可以看到由缩微字符"￥10"、"￥5"组成的全息图案，仪器检测均有磁性；20元纸币，迎光透视，则是一条明暗相间的安全线。

（4）手工雕刻头像：各券别正面主景均为毛泽东头像，采用手工雕刻凹版印刷工艺，形象逼真、传神，凹凸感强，易于识别。

（5）隐形面额数字：各券别正面右上方均有一装饰图案，将票面置于与眼睛接近平行的位置，面对光源作平面旋转45度角或90度角，分别可看到面额数字"100"、"50"、"20"、"10"、"5"字样。

（6）胶印缩微文字：各券别正面胶印图案中，多处均印有缩微文字，20元纸币背面也有该防伪措施。100元缩微文字为"RMB"和"RMB100"；50元为"50"和"RMB50"；20元为"RMB20"；10元为"RMB10"；5元为"RMB5"和"5"字样。

（7）雕刻凹版印刷：各券别正面主景毛泽东头像、"中国人民银行"行名、面额数字、盲文面额标记和背面主景图案（20元纸币除外）等均采用雕刻凹版印刷，用手指触摸有明显凹凸感。

（8）冠字号码：各券别冠字号码均采用两位冠字、八位号码。100元、50元纸币票面正面均采用横、竖双号码印刷，横号码均为黑色，竖号码分别为蓝色和红色。20元、10元、5元票面正面均采用双色横号码印刷，左侧部分均为红色，右侧部分均为黑色。

（9）光变油墨面额数字：100元、50元票面正面左下方分别印有"100"、"50"字样，该字样在与票面垂直角度观察分别为绿色和金色，倾斜一定角度则分别变为蓝色和绿色。

（10）阴阳互补对印图案：100元、50元、10元票面正面左下角和背面右下角均有一圆形局部图案，迎光透视，均可以看到正、背面图案合并组成一个完整的古钱币图案。

（11）白水印：10元、5元票面正面在双色横号码下方，迎光透视，分别可以看到透光性很强的水印图案"10"和"5"。

◆ **发现假人民币如何处理？**

（1）误收假币，不应再使用，应上缴当地银行或公安机关。

（2）看到别人大量持有假币，应劝其上缴或向公安机关报告。

（3）发现有人制造、买卖假币，应掌握证据，向公安机关报告。

◆ **国家对出售、购买伪造货币的有何惩罚措施？**

《中华人民共和国刑法》第一百七十一条规定：出售、购买伪造的货币或者明知是伪造的货币而运输，数额较大的，处3年以下有期徒刑或者拘役，并处2万元以上20万元以下罚金；数额巨大的，处3年以上10年以下有期徒刑，并处5万元以上50万元以下罚金；数额特别巨大的，处10年以上有期徒刑或者无期徒刑，并处5万元以上50万元以下罚金或者没收财产。

◆ **国家对持有、使用大量伪造货币的有何惩罚措施？**

第一百七十二条规定：明知是伪造的货币而持有、使用，数额较大的，处3年以下有期徒刑或者拘役，并处或者单处1万元以上10万元以下罚金；数额巨大的，处3年以上10年以下有期徒刑，并处2万元以上20万元以下罚金；数额特别巨大的，处10年以上有期徒刑，并处5万元以上50万元以下罚金或者没收财产。

◆ **国家对变造货币的有何惩罚措施？**

第一百七十二条规定：变造货币，数额较大的，处3年以下有期徒刑或者拘役，并处或者单处1万元以上10万元以下罚金；数额巨大的，处3年以上10年以下有期徒刑，并处2万元以上20万元以下罚金。

◆ **哪些人民币不宜再流通？**

（1）纸币票面缺少面积在20毫米^{2}以上的。

（2）纸币票面裂口2处以上，长度每处超过5毫米的；裂口1处，长度超过10毫米的。

（3）纸币票面有纸质较绵软，起皱较明显，脱色、变色、变形，不能保持其票面防伪功能等情形之一的。

（4）纸币票面污渍、涂写字迹面积超过2厘米^{2}的；不超过2厘米^2，但遮盖了防伪特征之一的。

（5）硬币有穿孔、裂口、变形、磨损、氧化以及文字、面额数字、图案模糊不清等情形之一的。

◆ **我们收到残缺、污损人民币后如何兑换？**

残缺、污损人民币是指票面撕裂、损缺，或因自然磨损、侵蚀，外观、质地受损，颜色变化，图案不清晰，防伪特征受损，不宜再继续流通使用的人民币。残缺、污损人民币兑换分"全额"、"半额"两种情况。

（1）能辨别面额，票面剩余3/4（含3/4）以上，其图案、文字能按原样连接的残缺、污损人民币，金融机构应向持有人按原面额全额兑换。

（2）能辨别面额，票面剩余1/2（含1/2）至3/4以下，其图案、文字能按原样连接的残缺、污损人民币，金融机构应向持有人按原面额的一半兑换。纸币呈正十字形缺少1/4的，按原面额的一半兑换。另外，兑付额不足1分的，不予兑换；5分按半额兑换的，兑付2分。

◆ **残缺、污损人民币兑换的流程是怎样的？**

持有人可凭认定证明到中国人民银行分支机构申请鉴定，中国人民银行应自申请日起5个工作日内做出鉴定并出具鉴定书。持有人可持中国人民银行的鉴定书及可兑换的残缺、污损人民币到金融机构进行兑换。

金融机构在办理残缺、污损人民币兑换业务时，应向残缺、污损人民币持有人说明认定的兑换结果。不予兑换的残缺、污损人民币，应退回原持有人。

残缺、污损人民币持有人同意金融机构认定结果的，对兑换的残缺、污损人民币纸币，金融机构应当面将带有本行行名的"全额"或"半额"戳记加盖在票面上；对兑换的残缺、污损人民币硬币，金融机构应当面使用专用袋密封保管，并在袋外封签上加盖"兑换"戳记。

残缺、污损人民币持有人对金融机构认定的兑换结果有异议的，经持有人要求，金融机构应出具认定证明并退回该残缺、污损人民币。

◆ 你知道什么是信用卡吗？

随着信用卡业务的发展，信用卡的种类不断增多，概括起来，一般有广义信用卡和狭义信用卡之分。从广义上说，凡是能够为持卡人提供信用证明，持卡人可凭卡购物、消费或享受特定服务的特制卡片均可成为信用卡。

广义上的信用卡包括贷记卡、准贷记卡、储蓄卡、提款卡（ATM卡）、支票卡及赊账卡等。从狭义上讲，国外的信用卡主要是指由银行或其他财务机构发行的贷记卡，即无需预先存款就可贷款消费的信用卡，是先消费后还款的信用卡；国内的信用卡主要是指贷记卡即准贷记卡（先存款后消费，允许小额、善意透支的信用卡）。

在外型上，信用卡大小如同身份证，一般用特殊的塑料制成，正面印有特别设计的图案、发行机构的名称及标识，并有用凸字或平面方式印制的卡号、持有者的姓名、有效期限等信息；背面有用于记录有关信息的磁条、供持卡人签字的签名条及发行机构的说明等。

信用卡是当今发展最快的金融业务之一，是一种可在一定范围内替代传统现金流通的电子货币；信用卡同时具有支付和信贷两种功能，持卡人可用其购买商品或享受服务，还可通过使用信用卡从发卡机构获得一定的贷款；信用卡是集金融业务与电脑技术于一体的高科技产物。

◆ **信用卡有什么作用？**

能减少现金货币的使用；能提供结算服务，方便购物消费，增强安全感；能简化收款手续，节约社会成本；能促进商品销售，刺激社会需求。

◆ **为什么说信用卡具有"先消费，后付款"的特点？**

银行作为发卡人的操作程序是：与商店约定，接受持卡人凭信用卡购物；然后由商店向银行收款；银行于月底汇总向顾客收款。因此，信用卡具有"先消费，后付款"的特点。发卡银行通常还为持卡者规定有一个透支限额，即可超过存款金额进行支付。

◆ **什么叫网上银行？**

网上银行是指银行利用因特网技术，通过因特网向客户提供开户、销户、查询、对账、行内转账、跨行转账、信贷、网上证券、投资理财等传统服务项目，使客户可以足不出户就能够安全便捷地管理活期和定期存款、支票、信用卡及个人投资等。

可以说，网上银行是在Internet上的虚拟银行柜台。不受时间、空间限制，能够在任何时间、任何地点、以任何方式为客户提供金融服务。但网上银行发展中存在着安全问题与法律规范问题。

◆ 信用的内涵是什么？

经济范畴中的信用有其特定的涵义，它是指一种借贷行为，表示的是债权人和债务人之间发生的债权债务关系。这种借贷行为是指以偿还为条件的付出，且这种付出只是使用权的转移，所有权并没有转移，偿还性和支付利息是它的基本特征。

信用是以偿还为条件的价值单方面让渡，它不同于商品买卖。在商品买卖中，价值进行对等转移和运动，一手交钱，一手交货：卖者售出商品，获得等值的货币；买者付出货币，得到商品。但是在信用即借贷活动中，贷者把一部分货币或商品给予借者，借者并没有同时对贷者进行任何形式的价值补偿。其本身就包含了信用风险。

◆ 消费信用是怎么一回事？

消费信用就是由企业、银行或其他消费信用机构向消费者个人提供的信用。消费信用根据提供商的不同可以分为企业提供的消费信用和银行提供的消费信用等种类。其中由企业提供的消费信用主要有赊销和分期付款两种形式。

银行提供消费信用指商业银行对消费者个人发放的、用于购买耐用消费品或支付其他费用的贷款方式，它以刺激消费、扩大商品销售和加速资金周转为目的。也有许多人将其俗称"用明天的钱，圆今天的梦"。

从各国信用消费的构成来看，住房信用消费、汽车信用消费和信用卡消费所占比例在90%以上，是信用消费的主体部分。

◆ 什么叫做货币保值？

货币保值是指保持货币购买力不变，以确保货币持有者不因物价（或汇率）波动遭受损失。

在国内，货币持有者为避免价格波动对货币购买力的影响，常常采取以下一些措施以求货币保值：参加银行开办的保本保值储蓄、折实储蓄；购买黄金、房屋、器具等实物。国际支付的债权债务双方为了避免汇率的动荡不定带来的风险，避免或减少可能给自身带来的损失，往往对支付货币采取以下一些保值措施：黄金保值；"一篮子货币"保值；远期利率协议保值；买卖远期外汇保值等等。

◆ **货币投放是什么意思？**

货币投放指银行按市场流通需要投放一定量的现金。在我国，根据生产发展和商品流转扩大的需要有计划地进行。

货币投放的渠道主要有：工资和对个人的其他支出；对农村的财政信用支出；行政管理费支出；采购支出，即采购农副产品、手工业产品和来自农村的部分矿产品的支出。

货币投放需要严格控制，投放时间、投放数量以及在各个地区投放多少，须根据生产发展和商品流转扩大的需要来确定。

◆ **货币回笼是什么意思？**

货币回笼是"货币投放"的对称，指银行通过各种途径从市场货币流通中收回一定量的现金。

在我国，货币回笼的渠道主要有：商品销售收入，亦称"商品回笼"，是最重要的渠道；服务收入，即饮食、服务、房租水电、交通运输等收入的现金；税款收入，即个人所得税、车船使用牌照税、屠宰税、集市交易税等；信用回笼，即储蓄存款、收回农业贷款和收回对个体经济的贷款。

通过各种方式的货币回笼，可以使市场多余的货币流回中国人民银行，使市场货币流通量同国民经济对货币的实际需求相适应。

◆ **什么叫通货膨胀？**

商品和服务的货币价格总水平持续上涨的现象。这个定义包含几个要点：①强调把商品和服务的价格作为考察对象，区别于股票、债券以及其他金融资产的价格，强调"货币价格"，即每单位商品、服务用货币数量标出的价格，分析的是商品、服务与货币的关系；②强调总水平，说明关注的是普遍的物价水平波动，而不仅仅是地区性的或某类商品及服务的价格波动；③"持续上涨"是强调通货膨胀并非偶然的价格跳动，而是一个"过程"，并且这个过程具有上涨的趋向。

◆ **通货膨胀有哪几个方面的影响？**

（1）在债务人与债权人之间，通货膨胀将有利于债务人而不利于债权人。在通常情况下，借贷的债务契约都是根据签约时的通货膨胀率来确定名义利息率，所以当发生了未预期的通货膨胀之后，债务契约无法更改，从而就使实际利息率下降，债务人受益，而债权人受损。其结果是对贷款，特别是长期贷款带来不利的影响，使债权人不愿意发放贷款。贷款的减少会影响投资，最后使投资减少。

（2）在雇主与工人之间，通货膨胀将有利于雇主而不利于工人。这是因为，在不可预期的通货膨胀之下，工资增长率不能迅速地根据通货膨胀率来调整，从而即使在名义工资不变或略有增长的情况下，使实际工资下降。实际工资下降会使利润增加。利润的增加有利于刺激投资，这正是一些经济学家主张以温和的通货膨胀来刺激经济发展的理由。

（3）在政府与公众之间，通货膨胀将有利于政府而不利于公众。由于在不可预期的通货膨胀之下，名义工资总会有所增加（尽管并不一定能保持原有的实际工资水平），随着名义工资的提高，达到纳税起征点的人增加了，有许多人进入了更高的纳税等级，这样就使得政府的税收增加。但公众纳税数额增加，实际收入却减少了。政府由这种通货膨胀中所得到的税收称为"通货膨胀税"。

◆ 通货紧缩的涵义是什么？

商品和劳务价格的普遍持续下降的现象。当市场上流通货币减少，人们的货币所得减少，购买力下降，物价随之下跌，造成通货紧缩。当消费者价格指数（即经常提及的CPI）连跌三个月，即表示已出现通货紧缩。通货紧缩就是产能过剩或需求不足导致物价、工资、利率、粮食、能源等各类价格持续下跌。

通货紧缩依据其程度不同，可分为轻度通货紧缩、中度通货紧缩和严重通货紧缩三种。根据其持续时间长短，可分为短期通货紧缩和长期通货紧缩。

◆ 通货紧缩的影响有哪些？

（1）通货紧缩会加速经济衰退。由于物价水平的持续下降，必然使人们对经济产生悲观情绪，持币观望，使消费和投资进一步萎缩，加速经济衰退。

（2）物价的下降会使实际利率上升，企业不敢借款投资，债务人的负担加重，利润减少，严重时引起企业亏损和破产。由于企业经营不景气，银行贷款难以及时回收，出现大量坏账，并难以找到赢利的好项目，经营也会出现困难，甚至面临"金融恐慌"和存款人的挤提风险，从而引起银行破产，使金融系统面临崩溃。

（3）经济形势的变坏与人们的预期心理相互作用，会使经济陷入螺旋式的恶性循环之中。同时这种通货紧缩还会通过国际交往输出到国外，而世界性的通货紧缩又会反过来加剧本国的通货紧缩局面。

◆ **消费者物价指数到底什么意思？**

消费者物价指数 CPI，是反映与居民生活有关的商品及劳务价格统计出来的物价变动指标，通常作为观察通货膨胀水平的重要指标。一般说来，当 CPI>3% 时我们称为通货膨胀；而当 CPI>5% 时，我们把它称为严重的通货膨胀。

它是对一个固定的消费品篮子价格的衡量，主要反映消费者支付商品和劳务价格的变化情况，也是一种度量通货膨胀水平的工具，以百分比变化为表达形式。

在美国构成该指标的主要商品共分八大类，其中包括：食品、酒和饮品；住宅；衣着；教育和通讯；交通；医药健康；娱乐；其他商品及服务。

◆ **稳健的货币政策指的是什么？**

我们经常听到稳健的货币政策，它指的是中央银行根据经济变化的征兆来调整政策取向，当经济出现衰退迹象时，货币政策偏向扩张；当经济出现过热时，货币政策偏向紧缩。这种政策取向的调整，最终反映到物价上，就是保持物价的基本稳定。

稳健的货币政策是目前中央银行执行的货币政策，核心内容包括：灵活运用货币政策工具，保持货币供应量适度增长；及时调整信贷政策，引导贷款投向，促进经济结构调整；执行金融稳定计划，发挥货币政策保持金融稳定的作用；在发展货币市场的基础上，积极推进货币政策工具改革，实现货币政策由直接调控向间接调控的转变。

二、货币及货币政策

◆ **运用货币政策所采取的主要措施包括哪几个方面？**

（1）控制货币发行。这项措施的作用是，钞票可以整齐划一，防止币制混乱；中央银行可以掌握资金来源，作为控制商业银行信贷活动的基础；中央银行可以利用货币发行权调节和控制货币供应量。

（2）控制和调节对政府的贷款。为了防止政府滥用贷款助长通货膨胀，资本主义国家一般都规定以短期贷款为限，当税款或债款收足时就要还清。

（3）推行公开市场业务。中央银行通过它的公开市场业务，起到调节货币供应量，扩大或紧缩银行信贷，进而起到调节经济的作用。

（4）改变存款准备金率。中央银行通过调整准备金率，据此控制商业银行贷款、影响商业银行的信贷活动。

（5）调整再贴现率。再贴现率是商业银行和中央银行之间的贴现行为。调整再贴现率，可以控制和调节信贷规模，影响货币供应量。

（6）选择性信用管制。它是对特定的对象分别进行专项管理，包括：证券交易信用管理、消费信用管理、不动产信用管理。

（7）直接信用管制。它是中央银行采取对商业银行的信贷活动直接进行干预和控制的措施，以控制和引导商业银行的信贷活动。

◆ **我们经常听到的扩张性货币政策指的是什么样的政策？**

通过中央银行调节货币供应量，影响利息率及经济中的信贷供应程度来间接影响总需求，以达到总需求与总供给趋于理想的均衡的一系列措施。货币政策分为扩张性的和紧缩性的两种。

扩张性货币政策是通过提高货币供应增长速度来刺激总需求，在这种政策下，取得信贷更为容易，利息率会降低。因此，当总需求与经济的生产能力相比很低时，使用扩张性的货币政策最合适。

◆ **你知道什么是紧缩性货币政策吗？**

紧缩性货币政策是通过削减货币供应的增长率来降低总需求水平，在这种政策下，取得信贷较为困难，利息率也随之提高。因此，在通货膨胀较严重时，采用紧缩性货币政策较合适。

货币政策调节的对象是货币供应量，即全社会总的购买力，具体表现形式为：流通中的现金和个人、企事业单位在银行的存款。流通中的现金与消费物价水平变动密切相关，是最活跃的货币，一直是中央银行关注和调节的重要目标。

◆ 外汇是怎么一回事？

中国于 1997 年修正颁布的《外汇管理条例》规定："外汇，是指下列以外币表示的可以用作国际清偿的支付手段和资产：

（1）国外货币，包括铸币、钞票等。

（2）外币支付凭证，包括票据、银行存款凭证、邮政储蓄凭证等。

（3）外币有价证券，包括政府公债、国库券、公司债券、股票、息票等。

（4）特别提款权、欧洲货币单位。

（5）其他外汇资产。它必须具备三个特点：可支付性（必须是具有一定价值的资产）、可获得性（必须是在国外能够得到补偿的债权）和可换性（必须是可以自由兑换为其他支付手段的外币资产）。

◆ 外汇具有哪些作用？

外汇是伴随着国际经济交往而产生的，外汇的国际媒介作用反过来又进一步推动了国际贸易关系的发展。外汇的作用大致可以概括为以下几项：

（1）实现国际购买力的转移，促进世界各国在政治、经济、科技、文化、体育等各个领域的相互交流。

（2）充当国际支付手段，节约流通费用，方便国际债权债务的结算和清偿。

（3）连接各国国内的货币市场和资本市场，使国际间的信用授受成为可能，从而大大提高了资金使用效率。

（4）构成外汇储备基金，平衡一国国际收支，稳定本国货币汇率，充作本国经济免受外部冲击的缓冲器。

（5）形成一国经济发展和社会发展的战略资源，使一国政府的宏观调控具有更大的空间。

◆ 你知道汇率是什么吗？

一国货币兑换另一国货币的比率，是以一种货币表示另一种货币的价格。由于世界各国货币的名称不同，币值不一，所以一国货币对其他国家的货币要规定一个兑换率，即汇率。

二、货币及货币政策

例如，一件价值100元人民币的商品，如果美元对人民币汇率为6.6，则这件商品在国际市场上的价格就是15.15美元。如果美元汇率涨到6.8，也就是说美元升值，人民币贬值，则用更少的美元可买此商品，这件商品在国际市场上的价格就是14.71美元。所以该商品在在国际市场上的价格会变低。商品的价格降低，竞争力变高，便宜好卖。反之，如果美元汇率跌到6，也就是说美元贬值，人民币升值，则这件商品在国际市场上的价格就是16.67美元，买的就少了。

◆ **人民币升值会带来哪些好处？**

人民币汇率一般指的是美元兑人民币的报价，人民币升值指的是人民币相对于美元更值钱了。比如人民币汇率，汇率改革之前，美元兑人民币报8.11，现在报6.67，那么人民币就升值了。

一国货币能够升值，一般说明该国经济状况良好。因为在正常情况下，只有经济健康稳定地增长，货币才有可能升值。这种由经济状况良好带来的币值稳中有升，对外资的吸引力是极大的。

中国仍然有居高不下的外贸顺差和巨额的外汇储备，中国的经济增长仍然是世界范围内最有看点的风景，因此货币升值的长期趋势不会改变。

◆ **人民币升值会带来哪些坏处？**

如果人民币升值，也会产生许多不利因素：首先，人民币升值的经济效应就相当于全面提高了出口商品的价格。其后果当然是抑制了出口，这显然是不利于经济发展的；其次，人民币快速升值会削减外国直接投资。如果人民币升值，那就意味着外国投资者就得多支付相应额度的美元，其后果就是外资减少；最后，将导致失业增加。在中国，出口约占GDP的30%。如果本币升值，出口企业必然亏损甚至倒闭，从而导致失业，进而增加社会不安定的隐患。

◆ 人民币贬值有什么益处？

如果人民币贬值，那么外币的购买力就强，这样一定量的外币就可以购买更多中国产品，意味着中国产品在国际市场上价格相对更便宜，从而可以增加出口；另一方面，人民币贬值，外国商品价格相对就昂贵，这样本国进口必然减少。所以，人民币贬值的结果是扩大了出口，抑制了进口，增加了贸易顺差，促进了经济发展。

◆ 人民币贬值有什么弊端？

如果人民币贬值，主要产生两种不利影响，一是人民币贬值对外会引起贸易摩擦，对内会引发通货膨胀，极不利于国家经济的稳定。二是人民币贬值不会解决外部需求放缓问题，贬值虽然会帮助出口企业因降低成本而存活下来，但却很难以持久。特别是我国已经失去竞争力的产业，贬值仅会延迟产业退出时间。

三、金融市场与金融业务

◆ **什么是金融？**

简单来说，金融就是资金的融通。金融是货币流通和信用活动以及与之相联系的经济活动的总称。货币的发行与回笼，存款的吸收与付出，贷款的发放与回收，金银、外汇的买卖，有价证券的发行与转让，保险、信托、国内、国际的货币结算等都是金融活动。

◆ **从事金融活动的机构有哪些？**

从事金融活动的机构主要有银行、信托投资公司、保险公司、证券公司、投资基金，还有信用合作社、财务公司、金融资产管理公司、邮政储蓄机构、金融租赁公司以及证券、金银、外汇交易所等。

◆ **金融体系指的是什么？**

在现实中，世界各国具有不同的金融体系，很难用一个相对统一的模式进行概括。

一般来说，金融体系包括金融调控体系、金融企业体系（组织体系）、金融监管体系、金融市场体系、金融环境体系五个方面。

（1）金融调控体系既是国家宏观调控体系的组成部分，包括货币政策与财政政策的配合、保持币值稳定和总量平衡、健全传导机制、做好统计监测工作，提高调控水平等；也是金融宏观调控机制，包括利率市场化、利率形成机制、汇率形成机制、资本项目可兑换、支付清算系统、金融市场（货币、资本、保险）的有机结合等。

（2）金融企业体系，既包括商业银行、证券公司、保险公司、信托投资公司等现代金融企业，也包括中央银行、国有商业银行、政策性银行、金融资产管理公司、重组改革后的中小金融机构、各种所有制金融企业、农村信用社等。

（3）金融监管体系（金融监管体制）包括健全金融风险监控、预警和处置机制，实行市场退出制度，增强监管信息透明度，接受社会监督，处理好监管与支持金融创新的关系，建立监管协调机制（银行、证券、保险及与央行、财政部门）等。

（4）金融市场体系（资本市场）包括扩大直接融资，建立多层次资本市场体系，完善资本市场结构，丰富资本市场产品，推进风险投资和创业板市场建设，拓展债券市场，扩大公司债券发行规模，发展机构投资者，完善交易、登记和结算体系，稳步发展期货市场。

（5）金融环境体系包括建立健全现代产权制度、完善公司法人治理结构、建设全国统一市场、建立健全社会信用体系、转变政府经济管理职能、深化投资体制改革。

◆ **金融对哪些方面会产生影响?**

（1）融通资金的"媒介器"。通过金融市场使资金供应者和需求者在更大范围内自主地进行资金融资，把多渠道的小额货币资金聚集成大额资金。

（2）资金供求的"调节器"。中央银行公开市场业务，调剂货币供应量，有利于国家控制信贷规模，并有利于使市场利率由资金供求关系决定，促进利率作用的发挥。

（3）经济发展的"润滑剂"。金融市场有利于促进地区间的资金协作，有利于开展资金融通方面的竞争，提高资金使用效率。

◆ **货币市场是什么样的?**

货币市场是短期资金市场，是指融资期限在1年以下的金融市场，是金融市场的重要组成部分。由于该市场所容纳的金融工具，主要是政府、银行及工商企业发行的短期信用工具，具有期限短、流动性强和风险小的特点，在货币供应量层次划分上被置于现金货币和存款货币之后，称之为"准货币"，所以将该市场称为"货币市场"。

货币市场由同业拆借市场、票据贴现市场、可转让大额定期存单市场和短期证券市场四个子市场构成。为了保持资金的流动性，它借助于各种短期资金融通工具将资金需求者和资金供应者联系起来，既满足了资金需求者的短期资金需要，又为资金有余者的暂时闲置资金提供了获取盈利的机会。

货币市场既从微观上为银行、企业提供灵活的管理手段，使它们在对资金的安全性、流动性、盈利性相统一的管理上更方便灵活，又为中央银行实施货币政策调控宏观经济提供手段，为保证金融市场的发展发挥巨大作用。

◆ 资本市场是什么样的？

资本市场是指期限在1年以上各种资金借贷和证券交易的场所。资本市场上的交易对象是1年以上的长期证券。因为在长期金融活动中，涉及资金期限长、风险大，具有长期较稳定的收入，类似于资本投入，故称之为资本市场。我国具有典型代表意义的资本市场包括四部分：

（1）国债市场。这里所说的国债市场是指期限在1年以上、以国家信用为保证的国库券、国家重点建设债券、财政债券、基本建设债券、保值公债、特种国债的发行与交易市场。

（2）股票市场。包括股票发行市场和股票交易市场。

（3）企业中长期债券市场。

（4）中长期放款市场。该市场的资金供应者主要是不动产银行、动产银行，其资金投向主要是工商企业固定资产更新、扩建和新建。资金借贷一般都需要以固定资产、土地、建筑物等作为担保品。

◆ 国家政策性金融指的是什么？

政策性金融，是指在一国政府支持下，以国家信用为基础，运用各种特殊的融资手段，严格按照国家法规限定的业务范围、经营对象，以优惠性存贷利率,直接或间接为贯彻、配合国家特定的经济和社会发展政策,而进行的一种特殊性资金融通行为。它是一切规范意义上的政策性贷款,一切带有特定政策性意向的存款、投资、担保、贴现、信用保险、存款保险、利息补贴等一系列特殊性资金融通行为的总称。

政策性金融虽然同其他资金融通形式一样具有融资性和有偿性,但其更重要的特征却是政策性和优惠性。政策性金融内涵的界定主要体现在以下本质特征:政策性,主要是政府为了实现特定的政策目标而实施的手段;金融性,是一种在一定期限内以让渡资金的使用权为特征的资金融通行为;优惠性,即其在利率、贷款期限、担保条件等方面比商业银行贷款更加优惠。这三个本质的特征充分显示了政策性金融同财政和商业金融的区别。

◆ **国家商业性金融指的是什么?**

国家商业性金融一般规模较大,属于超大银行之类,因此从银行自身角度来说,其基本服务对象就天然地倾向于大的企业,而不是进行小规模投资的农户。当其面临大量的分散的农户的时候,其获取信息的成本很高,难以对如此众多而分散的客户群体进行信用评估和甄别工作,因此使贷款的风险和不确定性增大。而且,就网点设置成本而言,与有限的收益、较小的客户容量相比,国家商业性银行在农村地区遍布网点的代价太高。这些特征,决定了国家商业性银行难以成为解决农户投资需求的主导性金融机构。

近年来,我国国有商业银行大批从农村地区撤出或者减少了分支机构。

◆ **什么叫利息?**

利息,是货币所有者因为发出货币资金而从借款者手中获得的报酬;从另一方面看,它是借贷者使用货币资金必须支付的代价。

利息的多少取决于三个因素:本金、存期和利息率水平。一般来说,本金越多,得到的利息越多;本金越少,得到的利息越少。存期越长,利率越高,则得到的利息越多;反之,利率越低,则得到的利息越少。

◆ **什么叫利率?**

利率即利息率,它是利息额同借贷资本总额的比率。通常用百分比表示利率,根据计量的期限标准不同,可分为年利率、月利率、日利率。从借款人的角度来看,利率是使用资本的单位成本,是借款人使用贷款人的货币资本而向贷款人支付的价格;从贷款人的角度来看,利率是贷款人借出货币资本所获得的报酬率。

利率通常由国家的中央银行控制,在我国由中国人民银行管理。现在,所有国家都把利率作为宏观经济调控的重要工具之一。当经济过热、通货膨胀上升时,便提高利率、收紧信贷;当过热的经济和通货膨胀得到控制时,便会把利率适当地调低。因此,利率是重要的基本经济因素之一。

◆ **单利和复利各是什么意思?**

单利,是对已过计息日而不提取的利息不计利息。比如,一笔为期5年、年利率为6%的10万元贷款,利息总额为$100000 \times 6\% \times 5=30000$。

复利,是将上期利息并入本金并一并计算利息的一种方法。如按年计息,第一年按本金计算;第一年末所得的利息并入本金,第二年则按第一年末的本利和计息;第二年末的利息并入本金,第三年则按第二年末的本利和计息;如此类推,直至信用契约期满。若将上述实例按复利计算,则利息总额为$100000 \times (1+6\%)^5 = 133822.56$。

◆ **什么是证券?**

证券是各类财产所有权或债权凭证的通称,是用来证明证券持有人有权依票面所载内容,取得相关权益的凭证。所以,证券的本质是一种交易契约或合同,该契约或合同赋予合同持有人根据该合同的规定,对合同规定的标的采取相应的行为,并获得相应的收益的权利。

按其性质不同,证券可以分为证据证券、凭证证券和有价证券三大类。证据证券只是单纯地证明一种事实的书面证明文件,如信用证、证据、提单等;凭证证券是指认定持证人是某种私权的合法权利者和持证人既行的义务有效的书面证明文件,如存款单等。有价证券区别于上面两种证券的主要特征是可以让渡。

◆ **什么是债券?**

债券是政府、金融机构、工商企业等机构直接向社会借债筹措资金时,向投资者发行，承诺按一定利率支付利息并按约定条件偿还本金的债权债务凭证。债券的本质是债的证明书，具有法律效力。债券购买者与发行者之间是一种债权债务关系，债券发行人即债务人，投资者（或债券持有人）即债权人。

债券是一种有价证券，是社会各类经济主体为筹措资金而向债券投资者出具的，并且承诺按一定利率定期支付利息和到期偿还本金的债权债务凭证。由于债券的利息通常是事先确定的，所以，债券又被称为固定利息证券。

◆ **什么是国库券？**

国库券是国家财政当局为弥补国库收支不平衡而发行的一种政府债券。因国库券的债务人是国家，其还款保证是国家财政收入，所以它几乎不存在信用违约风险，是金融市场风险最小的信用工具。国库券是国库直接发行的用以解决短期财政收支失衡的一种债券，由于期限短、流动性强、安全性高，被视为零风险债券或"金边债券"。

我国国库券的期限最短的为1年，而西方国家国库券品种较多，一般可分为3个月、6个月、9个月、1年期四种，其面额起点各国不一。国库券采用不记名形式，无须经过背书就可以转让流通。发行国库券的主要目的在于筹措短期资金，解决财政困难。当中央政府的年度预算在执行过程中发生赤字时，国库券筹资是一种经常性的弥补手段。

◆ **什么是股票？**

股票是一种有价证券，是股份公司在筹集资本时向出资人公开或私下发行的、用以证明出资人的股本身份和权利，并根据持有人所持有的股份数享有权益和承担义务的凭证。股票代表着其持有人（股东）对股份公司的所有权，每一股同类型股票所代表的公司所有权是相等的，即"同股同权"。在股票市场上，股票也是投资和投机的对象。

◆ **什么是股票市场？**

股票市场是专门对股票进行公开交易的市场，包括股票的发行与转让。大部分股票市场有固定的交易场所——证券交易所。我国有上海证券交易所和深圳证券交易所。

股票交易最早出现在欧洲国家。1773年，在伦敦，成立了第一家股票交易所。在美国，纽约股票交易所的正式成立是在19世纪初。现在，所有经济发达的国家均拥有几家规模庞大的证券交易所。

◆ **股票市场对国家经济发展有什么作用？**

（1）可以广泛地动员、积聚和集中社会的闲散资金，为国家经济建设发展服务，扩大生产建设规模，推动经济的发展，并收到"利用内资不借内债"的效果。

（2）可以充分发挥市场机制，打破条块分割和地区封闭，促进资金的横向融通和经济的横向联系，提高资源配置的总体效益。

（3）可以为改革完善我国的企业组织形式探索一条新路子，有利于不断完善我国的全民所有制企业、集体企业、个人企业、三资企业和股份制企业的组织形式，更好地发挥股份经济在我国国民经济中的地位和作用，促进我国经济的发展。

（4）可以促进我国经济体制改革的深化发展，特别是股份制改革的深入发展，有利于理顺产权关系，使政府和企业能各就其位，各司其职，各用其权，各得其利。

（5）可以扩大我国利用外资的渠道和方式，增强对外资的吸纳能力，有利于更多地利用外资和提高利用外资的经济效益，收到"用外资而不借外债"的效果。

◆ **股票市场对股票购买者有什么作用？**

（1）可以为投资者开拓投资渠道，扩大投资的选择范围，适应了投资者多样性的投资动机、交易动机和利益的需求，一般来说能为投资者提供获得较高收益的可能性。

（2）可以增强投资的流动性和灵活性，有利于投资者股本的转让出售交易活动，使投资者随时可以将股票出售变现，收回投资资金。股票市场的形成、完善和发展为股票投资的流动性和灵活性提供了有利的条件。

◆ **股票市场有什么不利影响？**

股票市场的活动对股份制企业、股票投资者以及国家经济的发展亦有不利影响的一面。

股票价格的形成机制是颇为复杂的，多种因素的综合利用和个别因素的特定作用都会影响到股票价格的剧烈波动。股票价格既受政治、经济、市场因素的影响，亦受技术和投资者行为因素的影响，因此，股票价格经常处在频繁的变动之中。股票价格频繁的变动扩大了股票市场的投机性活动，使股票市场的风险性增大。这种风险性既能给投资者造成经济损失，亦可能给股份制企业以及国家的经济建设产生一定的副作用。

◆ **我们常听说的A股、B股、H股、N股、S股、T股各自什么意思？**

A股、B股、H股是按英文字母作为代称的股票分类。

A股的正式名称是人民币普通股票。它是由我国境内的公司发行，供境内机构、组织或个人（不含台、港、澳投资者）以人民币认购和交易的普通股股票。

B股的正式名称是人民币特种股票。它是以人民币标明面值，以外币认购和买卖，在境内（上海、深圳）证券交易所上市交易的外资股。B股公司的注册地和上市地都在境内（深、沪证券交易所），只不过投资者在境外或在中国香港、澳门及台湾。2001年我国开放境内个人居民可以投资B股。

H股是以港元计价在香港发行并上市的境内企业的股票。

此外，中国企业在美国、新加坡、日本等地上市的股票，分别称为N股、S股和T股。另外，值得一提的是，沪市挂牌B股以美元计价，而深市B股以港元计价，故两市股价差异较大。

◆ **红筹股与蓝筹股是如何区分的？**

香港股市有所谓"红筹股"、"蓝筹股"之分。红筹股是指最大控股权直接或间接隶属于中国内地有关部门或企业，并在香港联合交易所上市的公司所发行的股份。即在港上市的中资企业。人们形容中国是红色中国，而她的国旗又是五星红旗，因此把中国相联系的上市公司发行的股票称为红筹股。美国人打牌下赌注，蓝色筹码为最高，红色筹码为中等，白色筹码为最低，后来人们就把股票市场上最有实力、最活跃的股票称为蓝筹股。蓝筹股几乎成了绩优股的代名词。

随着内地陆续赴港上市，现也有人将红筹股做了更严谨的定义，即必须是某公司在港注册，接受香港法律约束的中资企业才称为红筹股，而公司在内地注册，只是借用香港资本市场筹资的企业，另称为"H股"。但一般仍以红筹股广泛地作为在港上市的中资企业的代名。

◆ **什么叫成长股、热门股、绩优股、概念股？**

所谓成长股，是指发行股票时规模并不大，但公司的业务蒸蒸日上，管理良好，利润丰厚，产品在市场上有竞争力的公司的股票。

所谓热门股，是指交易量大、交易周转率高、股价涨跌幅度也较大的股票。热门股的形成往往有其特定的经济、政治、社会原因。

所谓绩优股，是指那些业绩优良，但增长速度较慢的公司的股票。这类公司有实力抵抗经济衰退，但这类公司并不能给你带来振奋人心的利润。

概念股，是指能迎合某一时代潮流但未必能适应另一时代潮流的公司所发行的、股价呈巨幅起伏的股票。

◆ **什么是涨跌停板制度？**

涨跌停板制度源于国外早期证券市场，是证券市场中为了防止交易价格的暴涨暴跌，抑制过度投机现象，对每只证券当天价格的涨跌幅度予以适当限制的一种交易制度，即规定交易价格在一个交易日中的最大波动幅度为前一交易日收盘价上下百分之几,超过后停止交易。

我国证券市场现行的涨跌停板制度是1996年12月13日发布,1996年12月26日开始实施的。制度规定,除上市首日之外,股票(含A、B股)、基金类证券在一个交易日内的交易价格相对上一交易日收市价格的涨跌幅度不得超过10%,ST股涨跌幅度不得超过5%,超过涨跌限价的委托为无效委托。

我国的涨跌停板制度与国外制度的主要区别在于股价达到涨跌停板后,不是完全停止交易,在涨跌停价位或之内价格的交易仍可继续进行,直到当日收市为止。在国外发达股票市场,当股票市场发生巨大波动时,个别股票的涨跌停板限制才启动。

◆ **什么叫开盘价?**

上午9:15~9:25为集合竞价时间,在集合竞价期间内,交易所的自动撮合系统只储存而不撮合,当申报竞价时间一结束,撮合系统将根据集合竞价原则,产生该股票的当日开盘价。

按上海证券交易所规定,如开市后半小时内某证券无成交,则以前一天的收盘价为当日开盘价。有时某证券连续几天无成交,则由证券交易所根据客户对该证券买卖委托的价格走势,提出指导价格,促使其成交后作为开盘价。首日上市买卖的证券经上市前一日柜台转让平均价或平均发售价为开盘价。

◆ **什么是收盘价?**

收盘价是指某种证券在证券交易所一天交易活动结束前最后一笔交易的成交价格。如当日没有成交,则采用最近一次的成交价格作为收盘价,因为收盘价是当日行情的标准,又是下一个交易日开盘价的依据,可据以预测未来证券市场行情。所以投资者对行情分析时,一般采用收盘价作为计算依据。

◆ **股票的开户流程是怎样的?**

买股票的人是不可以直接到上海证券交易所买卖的,买股票必须委托证券公司代理交易,所以,你必须找一家证券公司开户。这跟二手房买卖一样，是由中介公司代理的。

（1）到证券公司开户，办理上证或深证股东账户卡、资金账户、网上交易业务、电话交易业务等有关手续。然后，下载证券公司指定的网上交易软件。

（2）到银行开活期账户，并开通银证转账业务，把钱存入银行。

（3）通过网上交易系统或电话交易系统把钱从银行转入证券公司资金账户。

（4）在网上交易系统里或电话交易系统里可以买卖股票。

◆ **什么是股市泡沫？**

股市泡沫是指股票交易市场的股票价格超过其内在的投资价值的现象。一般来说，在股票交易市场上的股票泡沫是一直存在的。现在一般所指的股市泡沫，是指股市中的股票价格过度超出其内在的投资价值的现象。表现为一个连续过程中，股价急剧上升，其上升使人产生价格将进一步上升的预期，并由此而吸

引来大量的仅以买卖价差为获利手段的投资者，最终使股票价格大幅度脱离了其净值。

泡沫的大小并无绝对的参考方式，历史上所有的股市泡沫都是事后才被确认的，股市进入泡沫阶段并不意味着它马上就会下跌或者暴跌，而是意味着此时投资于股市风险更大而回报率更小。

◆ **我国主要证券交易所有哪几个？**

证券交易所是依据国家有关法律，经政府证券主管机关批准设立的集中进行证券交易的有形场所。在我国有四个：上海证券交易所和深圳证券交易所，香港证券交易所，台湾证券交易所。

上海证券交易所是中国大陆两所证券交易所之一，创立于1990年11月

26日，同年12月19日开始正式营业。上证所市场交易时间为每周一至周五。上午为前市，9:15至9:25为集合竞价时间，9:30至11:30为连续竞价时间。下午为后市，13:00至15:00为连续竞价时间，周六、周日以及上证所公告的休市日市场休市。上海证券交易所是不以营利为目的的法人，归属中国证监会直接管理。其主要职能包括：提供证券交易的场所和设施；制定证券交易所的业务规则；接受上市申请，安排证券上市；组织、监督证券交易；对会员、上市公司进行监管；管理和公布市场信息。

深圳证券交易所成立于1990年12月1日，于1991年7月3日正式营业，是为证券集中交易提供场所和设施，组织和监督证券交易，实行自律管理的法人，由中国证监会直接监督管理。主要职能基本与上证所一致。

◆ **什么是基金？**

基金有广义和狭义之分。从广义上说，基金是机构投资者的统称，包括信托投资基金、单位信托基金、公积金、保险基金、退休基金，各种基金会的基金。在现有的证券市场上的基金，包括封闭式基金和开放式基金，具有收益性功能和增值潜能的特点。

从会计角度透析，基金是一个狭义的概念，意指具有特定目的和用途的资金。因为政府和事业单位的出资者不要求投资回报和投资收回，但要求按法律规定或出资者的意愿把资金用在指定的用途上，从而形成了基金。

◆ **基金与合伙投资有关系吗？**

假设您有一笔钱想投资债券、股票等这类证券进行增值，但自己一无精力二无专业知识，但是你钱也不算多，就想到与其他10个人合伙出资，雇一个投资高手，操作大家合出的资产进行投资增值。但这里面，如果10多个投资人都与投资高手随时交涉，那事还不乱套，于是就推举其中一个最懂行的牵头办这事。定期从大伙合出的资产中按一定比例提成给他，由他代为付给高手劳务费报酬。

当然，他自己牵头出力张罗大大小小的事，包括挨家跑腿，有关风险的事向高手随时提醒指点，定期向大伙公布投资盈亏情况等等，不可白忙，提成中的钱也有他的劳务费。上面这些事就叫作合伙投资。将这种合伙投资的模式放大100倍、1000倍，就是基金。

◆ **投资基金有哪些收益?**

具体地说,基金收益包括基金投资所得红利、股息、债券利息、买卖证券价差、存款利息和其他收入。

(1)红利是基金因购买公司股票而享有对该公司净利润分配的所得。一般而言,公司对股东的红利分配有现金红利和股票红利两种形式。基金作为长线投资者,其主要目标在于为投资者获取长期、稳定的回报,红利是构成基金收益的一个重要部分。所投资股票的红利的多少,是基金管理人选择投资组合的一个重要标准。

(2)股息是指基金因购买公司的优先股权而享有对该公司净利润分配的所得。股息通常是按一定的比例事先规定的,这是股息与红利的主要区别。与红利相同,股息也构成投资者回报的一个重要部分,股息高低也是基金管理人选择投资组合的重要标准。

(3)债券利息是指基金资产因投资于不同种类的债券(国债、地方政府债券、企业债、金融债等)而定期取得的利息。我国《证券投资基金管理暂行办法》规定,一个基金投资于国债的比例不得低于该基金资产净值的20%,由此可见,债券利息也是构成投资回报的不可或缺的组成部分。

(4)买卖证券差价是指基金资产投资于证券而形成的价差收益,通常也称资本利得。

(5)存款利息指基金资产的银行存款利息收入。这部分收益仅占基金收益很小的一个组成部分。开放式基金由于必须随时准备支付基金持有人的赎回申请,必须保留一部分现金存在银行。

(6)其他收入指运用基金资产而带来的成本或费用的节约额,如基金因大额交易而从证券商处得到的交易佣金优惠等杂项收入。这部分收入通常数额很小。

◆ **购买基金前需要的准备过程有哪些?**

投资人购买基金前,需要认真阅读有关基金的招募说明书、基金契约及开户程序、交易规则等文件,各基金销售网点应备有上述文件,以备投资人随时查阅。

个人投资者要携带代理行借记卡,有效身份证件(身份证、军人证或武警证),机构投资者则需要带上营业执照、机构代码证或登记注册证书原件以及上述文件加盖公章的复印件、授权委托书、经办人身份证及复印件。

携带好准备资料，客户在银行的柜台网点填写基金业务申请表格，填写完毕后领取业务回执，个人投资者还要领取基金交易卡，在办理基金业务当日2天以后可以到柜台领取业务确认书。在领取了业务确认书后，单位或者个人就可以从事基金的购买和赎回了。

◆ **我们如何购买基金？**

在完成开户准备之后，市民就可以自行选择时机购买基金。个人投资者可以带上代理行的借记卡和基金交易卡，到代销的网点柜台填写基金交易申请表格（机构投资者则要加盖预留印鉴），必须在购买当天的15:00以前提交申请，由柜台受理，并领取基金业务回执。在办理基金业务2天之后，投资者可以到柜台打印业务确认书。

◆ **如何进行基金的赎回与撤回？**

当投资者有意对手中的基金进行赎回，则可以携带开户行的借记卡和基金交易卡，同样在下午15:00点之前填写并提交交易申请单，在柜面受理后，投资者可以在5天后查询赎回资金是否到账。

交易投资者如果需要撤销交易，则可以在交易当天的15:00点之前，携带基金交易卡和银行借记卡，在柜面填写交易申请表格，注明撤销交易。如果在15:00点以后，部分银行则可以按照当天牌价进行预约交易，第二个工作日进行交易。目前，几乎所有的银行和基金管理公司都支持在网上交易基金。

◆ **办理基金开户主要有哪两种途径？**

（1）投资者通过深交所交易系统认购、买入或卖出上市开放式基金须使用深圳A股账户或深圳证券投资基金账户（以下简称"深圳证券账户"）。投资者可通过中国结算公司深圳分公司的开户代理机构（如证券公司）申请开立深圳证券账户。

（2）投资者通过基金管理人或其代销机构认购、申购或赎回上市开放式基金须使用深圳开放式基金账户。投资者可持深圳证券账户到基金管理人或其代销机构处申请注册深圳开放式基金账户。如果投资者没有深圳证券账户，可以向基金管理人或其代销机构申请配发深圳证券投资基金账户,并自动注册为深圳开放式基金账户。对于配发的深圳证券投资基金账户,投资者可持基金管理人或其代销机构提供的账户打印凭条,到中国结算深圳分公司的开户代理机构打印深圳证券投资基金账户卡。

◆ **金融全球化到底是什么意思?**

金融全球化是指金融业跨国发展,金融活动按全球同一规则运行,同质的金融资产价格趋于等同,巨额国际资本通过金融中心在全球范围内迅速运转,从而形成全球一体化的趋势。金融活动的全球化主要可包括以下几个方面:

(1)资本流动全球化。随着投资行为和融资行为的全球化,即投资者和融资者都可以在全球范围内选择最符合自己要求的金融机构和金融工具,资本流动也全球化了。20世纪90年代以来,国际资本以前所未有的数量、惊人的速度和日新月异的形式使全球资本急剧膨胀。

(2)金融机构全球化。金融机构全球化就是指金融机构在国外广设分支机构,形成国际化或全球化的经营。近年,国际金融市场掀起了声势浩大的跨国并购(即兼并和收购)浪潮。金融机构的并购与重组成为金融机构全球化的一个突出特点。全球金融业并购浪潮,造就了众多的巨型跨国银行。

(3)金融市场全球化。金融市场是金融活动的载体,金融市场全球化就是金融交易的市场超越时空和地域的限制而趋向于一体。目前全球主要国际金融中心已连成一片,全球各地以及不同类型的金融市场趋于一体,金融市场的依赖性和相关性日益密切。并且由于信息通讯技术的高度发达和广泛应用,全球金融市场已经开始走向金融网络化。

◆ **金融危机指的是什么?**

金融危机又称金融风暴,是指一个国家或几个国家与地区的全部或大部分金融指标(如:短期利率、货币资产、证券、房地产、土地价格、商业破产数和金融机构倒闭数)的急剧、短暂和超周期的恶化。

金融危机可以分为货币危机、债务危机、银行危机、次贷危机等类型。近年来的金融危机越来越呈现出某种混合形式。其特征是人们基于未来经济将更加悲观的预期,整个区域内货币值出现幅度较大的贬值,经济总量与经济规模出现较大的损失,经济增长受到打击。往往伴随着企业大量倒闭,失业率提高,社会普遍的经济萧条,甚至有些时候伴随着社会动荡或国家政治层面的动荡。

起于2007年底的金融危机也称为次贷危机，它源起美国"零首付"的买房政策，2007年8月开始席卷美国、欧盟和日本等世界主要金融市场。美国次贷风暴掀起的浪潮一波高过一波，美国金融体系摇摇欲坠，世界经济面临巨大压力，至今仍是国际关注的热点。

我国农村金融发展经历了哪几个时期？

以农村信用合作社为主体的农村金融兴起于1949～1957年。1957年底，全国80%的乡都设立了农村信用合作社，共有88368个，吸收存款20.6亿元，社员股金3.1亿元。

农村金融发展停滞时期（1958～1976年）。1958年农村信用合作社被下放给人民公社管理，1957年进一步下放给生产大队管理，在"极左"路线的影响下，合作制被严重扭曲。"文革"期间，农村信用合作社交给贫下中农管理，使其干部队伍、资金安全和业务活动均受到严重损害，很多地方的农村信用合作社几乎到了破产的边缘。

1977～1995年农村金融开始恢复发展，在这段时间确立了中国农业银行和农村信用合作社的"官办"性质之后，商业银行开始进入农村，农村信用合作社继续进行改革，农村政策金融开始起步，邮政储蓄异军突起，非正规金融悄然兴起。

农村金融的改革时期从1996年至今，这段时间主要是大力推进农村信用合作社的改革。如今农村信用合作社已改制为企业，自负盈亏，在农村金融中发挥着重要的作用。

◆ 近年来国家在农村金融方面做了哪些工作？

近年来，在推进农村金融改革和发展方面，国家有关方面做了不少工作，包括加快农村信用社改革步伐，调整邮政储蓄转存款政策，启动邮政储蓄改革，推进农村小额贷款业务发展，探索农村小额信贷组织试点，发展农产品期货和农业保险。具体有：加快建立健全适应"三农"特点的多层次、广覆盖、可持续的农村金融体系，包括构建分工合理、投资多元、功能完善、服务高效的农村金融组织体系，较为发达的农村金融市场体系和业务品种比较丰富的农村金融产品体系，显著增强了为"三农"服务的功能。

◆ 你知道什么是农村商业性金融吗?

一般而言,农村商业性金融涵盖的内容比较多,它包括所有商业性金融机构在农村的业务活动。我国目前的实际情况是中国农业银行在农村商业性金融业务中一直占有绝对的优势。

◆ 你知道什么是农村政策性金融吗?

由于农业具有弱势产业的性质,因此世界各国政府一般都设立农业领域的政策性金融机构,以进行农业生产性投资和流通性融资。生产性投资包括扶植农业技术开发、农业基础设施建设(包括大型水利工程、灌溉工程、农田改造以及退耕还林等)、农作物生产的直接投资(如国家在一些大型农场进行直接投资)等,这些投资主要是生产性的长期投资,弥补了农业领域长期投资和生产性投资不足的问题。流通性融资主要用于国家的农产品收购和流通领域,这种融资主要是发展中国家为保障本国的农产品供应和粮食安全而进行的。比如我国的政策性农村金融,大部分用于粮食和棉花等农产品的收购,以确保国家的粮食安全和其他农产品供应安全。

从农户的资金需求角度出发来考察,政策性金融对满足农户投资需求效果甚微,其主要原因是政策性金融的主要目标对象并不是农户,单个农户很难或根本不可能通过政策性金融体系获得生产性资金。由于政策性金融针对农户融资的有限性,决定了农村政策性金融不可能是解决农村资金问题的主要途径。

◆ 农村企业出口货物时有信贷优惠吗?

出口信贷是一种国际信贷方式,是一国为了支持和鼓励本国大型机械设备、工程项目的出口,增强国际竞争力,以向本国出口商或国外进口商提供利息补贴和信贷担保的优惠贷款方式,鼓励本国的银行对本国出口商或国外的进口商提供利率较低的贷款,以解决本国出口商资金周转的困难,或满足国外进口商对本国出口商支付货款需要的一种融资方式。

出口卖方信贷是出口方银行向本国出口商提供的商业贷款。出口商(卖方)以此贷款为垫付资金,允许进口商(买方)赊购自己的产品和设备。出口商(卖方)一般将利息等资金成本费用计入出口货价中,将贷款成本转移给进口商(买方)。

出口买方信贷是出口国政府支持出口方银行直接向进口商或进口商银

行提供信贷支持,以供进口商购买技术和设备,并支付有关费用。出口买方信贷一般由出口国出口信用保险机构提供出口买方信贷保险。出口买方信贷主要有两种形式:一是出口商银行将贷款发放给进口商银行,再由进口商银行转贷给进口商;二是由出口商银行直接贷款给进口商,由进口商银行出具担保。

◆ **金融租赁是怎么一回事?**

由出租人根据承租人的请求,按双方的事先合同约定,向承租人指定的出卖人,购买承租人指定的固定资产,在出租人拥有该固定资产所有权的前提下,以承租人支付所有租金为条件,将一个时期的该固定资产的占有、使用和收益权让渡给承租人。这种租赁具有融物和融资的双重功能。金融租赁可以分为三大品种:直接融资租赁、经营租赁和出售回租。

直接融资租赁是由承租人选设备,出租人(租赁公司)出资购买,并出租给承租人,租赁期内租赁物所有权归出租人,使用权归承租人,租赁期满承租人可选择留购设备;租赁期内承租人按期支付租金,折旧由承租人计提。

经营租赁是由出租人或承租人选择设备,出租人购买设备出租给承租人使用。设备所有权归出租人所有,使用权归承租人所有。设备反映在出租人固定资产账上,由出租人计提折旧。

出售回租是指承租人将自有物件出卖给出租人,同时与出租人签订租赁合同,再将该物件从出租人处租回的租赁形式。

◆ **农村有哪些物品可租赁?**

据调查,农民在农业生产和日常生活中,特别是在从事第三产业时,急需要农业机械、运输工具、建筑器材、防虫灭虫器具等。但由于农民自身资金不足而会在一定程度上影响了正常的生产和生活。同时,有的生产活动是临时性、季节性的,一些设备或工具又没有必要去购买,由此就会引发一个新兴的产业——农村租赁服务业。目前农村租赁服务业项目主要有以下四种:

农副业生产机械租赁:随着农副产业和第三产业的快速发展,农民对农业机械的需求种类很多,如收割机、旋耕机、播种机、喷雾器等。

运输工具租赁:由于农村道路状况大大改善,无论是田间作业,还是农副业生产,都需要交通运输工具,用于短途或长途运输,如汽车、翻斗车、推土机、拖拉机、小四轮等。

建筑器械租赁：近年来在农村兴起了建筑热，各种类型的农村建筑工程队、泥瓦匠、木工、装修工的出现，使建筑器材需求日益增多，除一部分自购外，绝大部分需要租赁，如吊车、架板、绳索、脚手架、搅拌机、切割机等。

婚丧嫁娶必用品租赁：如锅、灶、桌、椅、碗、碟、筷、殡仪车等等。

农村租赁业是时下兴起的一种新型的服务行业，相信它在方便了广大村民的生产生活、促进农业和农村经济发展的同时，也会给精明的从业者带来不薄的利润。

◆ 现代社会的典当指什么？

所谓典当，是指当户将其动产、财产权利作为当物质押或者抵押给典当行，交付一定比例费用，取得当金，并在约定期限内支付当金利息、偿还当金、赎回当物的行为。通俗地说，典当就是要以财物作质押，有偿有期借贷融资的一种方式。这是一种以物换钱的融资方式，只要顾客在约定时间内还本并支付一定的综合服务费（包括当物的保管费、保险费、利息等），就可赎回当物。

◆ 哪些东西可以典当？

原则上只要来源合法、产权明晰、可以依法疏通的有价值物品或财产权利都可以典当，但不同典当行具体开展的业务有所不同，一般来讲房产、股票、企业债券、大额存单、车辆、金银饰品、珠宝钻石、电子产品、钟表、照相机、批量物资等都可以典当。与通常人们想象中的旧当铺不同的是，现代典当行一般不收旧衣服。一般说来，有生命的东西也是不可典当的。

◆ 典当综合费、当金利息是怎么回事？

典当是一种融资行为，需有偿使用。典当行一般按当金收取综合费及当金利息。按照《典当管理办法》有关规定，质押典当月综合费率不得超过当金的4.5%，房地产抵押典当月综合费率不得超过当金的3.0%，综合费在典当时预扣，当金利息一般按同期银行贷款利率上浮30%执行。具体费、息标准根据不同典当行、不同业务种类都会不一样，客户应以典当行公告为准。

◆ 农地金融指的是什么？

农地金融是指以土地作为信用保证（抵押）而获得的资金融通，其实质是发挥土地的财产功能，将固定在土地上的资金重新启动起来，使其进入流通领域，以扩大社会资金的来源。

特殊性：我国农地金融的抵押物是土地的使用权而不是所有权。我国农村实行的土地承包责任制，是将土地使用权作为独立权能从所有权中分离出来，并成为一种独立于所有权的一种财产权利。农地使用权抵押是指以农地使用权作为抵押标的物的抵押。由于农地使用权可以转让、出租、入股，因而，当债务人（农地使用权人）无法履行债务时，债权人可以通过对农地使用权的处理而获得一定的价款以保证债权的实现。

以土地为抵押进行贷款，其资金多用于土地的购置、开发、改良和建设。这些投资回收期一般较长，这种贷款一般偿还期较长，利率要相对低一些。借款偿还期短则3～5年，长则20～30年甚至40～50年不等，贷款利率一般不超过年利的5%。

◆ 什么是期货农业？

所谓"期货农业"是指农产品订购合同、协议，也叫合同农业或契约农业，具有市场性、契约性、预期性和风险性。订单中规定的农产品收购数量、质量和最低保护价，使双方享有相应的权利、义务和约束力，不能单方面毁约。因为订单是在农产品种养前签定，是一种期货贸易，所以也叫"期货农业"（农业订单＋期货贸易）。

与前几年曾经风行一时而现今走入低谷的"订单农业"相比较，"期货农业"正以其风险性低、价格提前发现、农民增收效益显著等优势而被农产品交易市场和广大农户所接受。比起计划经济和传统农业先生产后找市场的做法，"期货农业"则是先找市场后生产，可谓是一种进步的市场经济产物（模式）。事实上该模式在欧美一些国家作为一种最主流的形式已经存在几十年了。

国外用期货为农民服务的成功范例是美国，如美国政府将玉米生产与玉米期货交易联系起来，积极鼓励和支持农民利用期货市场进行套期保值交易，以维持玉米的价格水平，替代政府的农业支持政策，通过玉米期货市场，美国已经成为全球玉米定价中心。

◆ 农产品期货市场是一个什么样的市场？

农产品期货是世界上最早上市的期货品种，期货市场最先产生于农产品市场,并且在期货市场产生之后的120多年中,农产品期货一度成为期货市场的主流。

19世纪中期,芝加哥已经发展成为美国中西部最重要的商品集散地,大量的农产品在芝加哥进行买卖。在当时的现货市场上,谷物的价格随着季节的交替频繁变动。每年谷物收获季节,生产者将谷物运到芝加哥寻找买主,使市场饱和,价格暴跌。当时又缺少足够的存储设施,到了第二年春天,

谷物匮乏,价格上涨,消费者的利益又受到损害,这就迫切需要建立一种远期定价机制以稳定供求关系,而期货市场正是在这种背景下应运而生。期货市场在农产品供给和需求的矛盾之中建立起了一种缓冲机制,这种机制使得农产品供给和需求的季节性矛盾随之而解。

◆ **可以在农产品期货市场上进行哪些农产品交易?**

虽然自20世纪80年代以来,农产品期货交易额所占的绝对比例大大下降,但它仍然占据着国际期货市场上相当的份额。目前国际上仍然在交易的农产品期货有21大类、192个品种,其中相当一部分交易非常活跃,在世界农产品的生产、流通、消费中,成为相关产业链的核心。

农产品期货市场中主要的农产品包括:

(1)粮食期货,主要有小麦期货、玉米期货、大豆期货、豆粕期货、红豆期货、大米期货、花生仁期货等等。

(2)经济作物类期货,有原糖期货、咖啡期货、可可期货、橙汁期货、棕榈油期货和菜子期货。

(3)畜产品期货,主要有肉类制品期货和皮毛制品期货两大类。

(4)林产品期货,主要有木材期货和天然橡胶期货。

◆ **我国农产品期货市场现状如何?**

从我国的情况来看,农产品期货品种仍然是我国期货市场的主流,也

是近期最有可能上新品种并获得大发展的期货品种，并且在相当长的一个时期内，这种格局都不会改变。因此，对农产品期货市场产生的理论基础进行分析，以揭示出农产品期货对农业生产和流通所具有的重大意义就显得十分必要。

目前，我国三家期货交易所中，大连商品交易所与郑州商品交易所现阶段以农产品期货交易为主。大连商品交易所经批准交易的品种有大豆、豆粕、啤酒大麦，玉米期货的各项筹备工作已基本完成，有望于近期上市；郑州商品交易所批准交易的品种有小麦、绿豆、红小豆、花生仁。大连商品交易所的大豆品种是目前国内最活跃的大宗农产品期货品种，大连商品交易所现已成为国内最大的农产品期货交易所，世界非转基因大豆期货交易中心和价格发现中心。截至2002年底，大连商品交易所共有会员191家，客户69 000余个，其中粮食企业约1500家。黑龙江、吉林两个粮食主产省，几乎县县都有至少一两个粮食企业，长年从事大连商品交易所大豆、玉米期货套期保值业务。

◆ **农产品期货市场如何帮助我们实现风险转移？**

价格风险可以说是无处不在。在商品市场上，干旱、洪水、战争、政治动乱、暴风雨等等各种情况变化会传遍世界各地，并直接影响商品的价格。激烈的市场竞争会导致价格在较短时期内大幅度波动。与供求相关的风险因素还包括一些商品收获的季节性和需求的季节性。由供求的不可预测所带来的潜在价格风险是市场经济所固有的，也是买主和卖主无法抵御的。

期货合约是通过交易所达成的一项具有法律约束力的协议。期货合约对商品的买卖数量、预期交货时间和地点以及产品质量都有统一的规定。事实上除了价格以外，期货合约的所有方面都有统一的规定。正因如此，期货合约对于那些希望未雨绸缪、保证不受价格急剧变化影响的套期保值者来说是具有吸引力的。农产品生产易受不以人的意志为转移的气候条件的影响，风险性强，通过期货合约这个有用的工具，农民、粮食企业以至消费者都能对农产品市场做出较可靠的估测。

粮食企业、食品加工厂、油脂厂可以利用期货来更好地管理进货与销售，从而提高经营利润。粮库经营者可以利用农产品期货为客户提供各种变通的销售方法，使其占有竞争优势。农场可以在储存作物时，利用期货市场锁住理想的卖价。饲料公司可以利用农产品期货来限定最高买价，避免受到饲料原料或饲料价格上涨所造成的影响。任何与农产品生产经营有关的企业都可以利用大连商品交易所的农产品期货来控制成本和提高收入。

当然，期货合约除了套期保值的作用之外，还有风险投机的作用，各种风险程度不同的期货合约可以为投资者提供盈利机会。例如，买卖农产品期货以从预期的价格变化中牟利。

◆ 农民如何投资赚钱？

（1）暂贮存——小本大利。农副产品由于上市时间比较集中，因此上市高峰期间出现"卖难"现象。暂贮，无疑是化解农副产品"卖难"、提高经济效益的好办法。暂贮不仅仅是把农副产品暂时贮藏，还包括暂时种植、暂时养殖，靠"时间差"赚钱。比如，江苏省阜宁县池养黄鳝非常普遍。从盛夏时起，人们便挑选体大的出售，至秋末基本上售完。杨集镇农村农民沈殿军于1995年春节前夕，到上海、南京等大中城市的宾馆、饭店打探黄鳝价格及需求量，发现这里黄鳝多是冷冻的，价格却比平时贵一倍，仍很畅销。他想如果是鲜活的，价格会更高。第二年秋，沈殿军收购500千克黄鳝暂贮，到春节期间上市，几个月时间，他就盈利2万元。黄鳝暂贮这一做法很快延伸到螃蟹、鱼等养殖项目上，该村很快成为远近闻名的富裕村。

（2）预支——赚双份钱。预支是把农副产品上市提前，既减少成本，又能高价售出，可谓省力又高效。预支更大优势还在于没有风险，因为市场行情如果不好，完全可以不提前上市。在农贸市场上，鲜嫩的小南瓜比大南瓜好销，而且价格也高，因为生产能力有限，一棵瓜秧上至多结一两个大南瓜。而小南瓜摘了又结，一棵可以结十几个，产量基本相同，利润却很悬殊，这就是农副产品预支的好处。

（3）装点——山不转水转。农副产品大路货居多，但如果出其不意地略加装点，立刻身价倍增。比如，同样是卖苗鸡，一农民有独到之举。他发现小孩都喜欢毛茸茸的苗鸡。1998年春，他把苗鸡的绒毛染成各种各样的颜色，以每对2元钱的价格上街试销，结果吸引了很多小孩，销售量很好。之后，他在几个小学间奔波，销量虽没有普通鸡大，却省去了许多成本，利润率多出好几倍。

四、金融风险与保险

◆ 风险与投资有什么关系？

一个基本的常识是，只要投资就必然冒风险。但人们不会因为有风险就不去投资，关键是想办法估计投资对象的风险程度，然后投资人根据对风险的承受能力和对收益的追求程度进行决策，从众多投资机会中选出自己认为合意的项目投资。另外，一个传统的投资黄金法则告诉我们，规避风险的一个好办法就是"不要把所有的鸡蛋放进一个篮子里"，指的是通过投资的分散化来降低风险。在现实生活中，人们可以应用投资分散化的原理，将个人积蓄的一部分存在银行，一部分购买股票、债券，一部分购买保险，一部分买房，等等。

◆ 农村金融风险包括哪些？

金融风险，一般指经济主体在筹集和分配资金活动中，由于不确定因素所面临损失的可能性。具体是指金融机构在经营过程中，由于决策失误，客观情况变化或其他原因使资金、财产、信誉有遭遇损失的可能性。农村金融风险就是金融在农村金融活动的体现，在概念上与金融风险没有实质上的差别。如贷出去的款项收不回来，对客户的存款不能及时支付，银行违规放款与违章操作等都会产生金融风险。

◆ **农村金融风险有哪些特征？**

（1）不确定性。农村金融风险是由不确定性因素影响其遭受损失的可能性，也就是可能发生，也可能不发生。

（2）隐蔽性强。农村金融风险的发生具有很强的潜伏性，在它未完全暴露出来以前很难被管理者和公众所发现。

（3）迅速扩张性。在资金流通领域，由于信用关系的存在，社会经济生活中往往会形成很长的债务链，一旦一方还不了债，会导致更多的部门陷入债务危机，最终形成银行金融风险。而银行金融风险一旦聚集并暴露出来，又会引发金融危机并迅速扩张蔓延。

（4）覆盖面广，社会危害性大。金融风险一旦形成金融危机，其影响面涉及整个社会。

（5）区域性和季节性。农村生产具有很强的靠天吃饭和季节性的特点，因此，区域性、季节性发生的自然灾害也会给农村金融业带来其特有的金融风险。

◆ **应对金融风险的策略有哪些？**

（1）预防策略。是指金融风险尚未发生时，预先采取一定的防备性措施，以防止金融风险发生的策略。这是金融风险管理的传统策略，对预防信用风险、流动性风险、操作风险、法律风险等不容易通过市场转移或对冲的风险十分重要。

（2）规避策略。指设法躲避，所以在金融风险管理中，规避策略是指人们依据一定的原则，采用一定的技巧，来自觉地避开各种金融风险，以减少或避免这些金融风险所引起的损失。根据现代投资理论，因收益往往与风险成正比，因而投资者在选择投资项目时，必须对收益和风险同时兼顾，全面衡量。作为一个风险回避者，在各种可供选择的投资项目中，应尽量选择风险较小的项目,而放弃高收益与高风险并存的项目。

(3)分散策略。是人们较为常用的一种金融风险管理策略。在证券投资中所运用的投资分散化就是分散策略的一种典型形式。所谓投资分散化,是指投资者在进行投资时,"不要把所有的鸡蛋放在一个篮子里",而应将资本分散地投资于多种不同的证券。这样,投资者可以用其中一些证券的收益来抵补另一些证券的损失。

(4)转嫁策略。是指人们利用某种合法的交易方式和业务手段,将自己面临的金融风险转移给其他经济主体承担。转嫁策略被广泛应用于各种投资活动中。例如,在资产定价中,投资者通过提高名义利率,即可将购买力风险转嫁给筹资者。又如,在股市看跌时,股票持有者抛出股票,即将风险转嫁给购买者。

(5)保值策略。有时也被称为对冲策略。经济主体可以通过进行一定的金额交易来对冲其面临的某种金融风险。除了通过现货交易进行对冲外,金融衍生工具的创新为经济主体提供了对冲风险的有效手段。套期保值者通过在远期、期货市场上建立与现货市场相反的头寸,以冲抵现货市场价格波动的风险。远期利率协议、远期外汇交易、外汇期货、利率期货、股指期货、股票期货等品种均可用于对冲汇率、利率以及证券价格未来波动的风险。

(6)补偿策略。是指人们通过一定的途径,对业已发生或将要发生的金融风险损失寻求部分或全部的补偿,以减少或避免实际损失的一种策略。投资者可以预先在金融资产的定价中充分考虑风险因素,通过加价来索取风险的回报。

◆ 什么是保险以及相关的概念有哪些?

保险是指投保人根据合同约定,向保险人支付保险费,保险人对于合同约定的可能发生的事故因其发生所造成的财产损失承担赔偿保险金责任,或者当被保险人死亡、伤残、疾病或者达到合同约定的年龄、期限等条件时承担给付保险金责任的商业保险行为。财产保险是以财产及其有关利益为保险标的的保险,被保险人在保险事故发生时,对保险标的应当具有保险利益。人身保险是以人的寿命和身体为保险标的的保险。

其中,保险合同是投保人与保险人约定保险权利义务关系的协议;投保人是指与保险人订立保险合同,并按照合同约定负有支付保险费义务的人;保险人是指与投保人订立保险合同,并按照合同约定承担赔偿或者给付保险金责任的保险公司;被保险人是指其财产或者人身受保险合同保障,享有保险金请求权的人,投保人可以为被保险人;保险利益是指投保人或者被保险人对保险标的具有的法律上承认的利益;受益人是指人身保险合同中由被保险人或者投保人指定的享有保险金请求权的人,投保人、被保险人可以为受益人;保险金额是指保险人承担赔偿或者给付保险金责任的最高限额。

◆ **购买保险对农民有什么好处?**

农村个人和家庭参加保险的根本好处就是转移风险、补偿损失。家庭财产保险附加盗窃险基本上可以解决家庭财产遭受的各种风险,能把损失降到最低;各种人身保险可以解决个人和家庭各种人身伤、病、残、死等许多后顾之忧;养老保险可以解决老有所养的问题;责任保险可以摆脱第三者责任引起的经济赔偿责任和各种烦恼。

◆ **购买保险对农村企业有什么好处?**

农村企业在市场经济中求得生存与发展,不可避免地可能会遇到各种各样的风险,参加保险,则可以建立一种风险损害的预防和补偿保障,把风险造成的损失降到最低程度。具体来说如下:

(1)企业参加财产保险,有利于转移财产损失风险,保证生产、经营活动的正常进行。企业在生产、经营中可能会遇到不可抗拒的自然灾害,如火灾、水灾、地震、风暴、泥石流等,如果企业不对财产进行保险,一旦灾害发生,企业轻则难以恢复生产,重则破产。

(2)企业参加产品质量保险,有利于企业的科技进步。企业要在市场经济的竞争中取胜,必须不断地采用新技术,推出新产品,企业的新产品在开始上市时,在质量方面很可能存在着缺陷和不足,有可能对消费者的人身和财产造成损害,如果企业参加了保险,就能把因产品质量问题引起对消费者造成损害的经济赔偿责任由保险公司承担,有利于企业集中精力搞好生产、经营,推动科技进步。

(3)企业参加信用保险,有利于企业经营目标的实现。信用保险适用于出口创汇企业。出口创汇企业如果购买了信用保险，在外商因破产无力支付贷款或收货后拖欠货款，限制汇兑或其他事件时，保险公司就可按合同规定赔偿货款，从而保证经营目标的实现。

◆ 购买保险的一般流程是什么？

投保人提出保险要求，经保险人同意承保，保险合同成立。保险人应当及时向投保人签发保险单或者其他保险凭证。保险单或者其他保险凭证应当载明当事人双方约定的合同内容，当事人也可以约定采用其他书面形式载明合同内容。依法成立的保险合同，自成立时生效。

投保人和保险人可以对合同的效力约定附条件或者附期限。对保险合同中免除保险人责任的条款，保险人在订立合同时应当在投保单、保险单或者其他保险凭证上做出足以引起投保人注意的提示，并对该条款的内容以书面或者口头形式向投保人做出明确说明；未做提示或者明确说明的，该条款不产生效力。

保险合同成立后，投保人按照约定交付保险费，保险人按照约定的时间开始承担保险责任。一般来说，保险合同成立后，投保人可以解除合同，保险人不得解除合同。自保险人知道有解除事由之日起，超过30日不行使而消灭。自合同成立之日起超过2年的，保险人不得解除合同；发生保险事故的，保险人应当承担赔偿或者给付保险金的责任。

◆ 购买保险时必须如实告知哪些内容？

订立保险合同，保险人就保险标的或者被保险人的有关情况提出询问的，投保人应当如实告知。

投保人故意或者因重大过失未履行如实告知义务，足以影响保险人决定是否同意承保或者提高保险费率的，保险人有权解除合同。

投保人故意不履行如实告知义务的，保险人对于合同解除前发生的保险事故，不承担赔偿或者给付保险金的责任，并不退还保险费。

投保人因重大过失未履行如实告知义务，对保险事故的发生有严重影响的，保险人对于合同解除前发生的保险事故，不承担赔偿或者给付保险金的责任，但应当退还保险费。

保险人在合同订立时已经知道投保人未如实告知的情况的，保险人不得解除合同；发生保险事故的，保险人应当承担赔偿或者给付保险金的责任。

◆ 订立保险合同时应包括哪些内容？

保险合同应当包括下列事项：①保险人的名称和住所；②投保人、被保险人的姓名或者名称、住所，以及人身保险的受益人的姓名或者名称、住所；③保险标的；④保险责任和责任免除；⑤保险期间和保险责任开始时间；⑥保险金额；⑦保险费以及支付办法；⑧保险金赔偿或者给付办法；⑨违约责任和争议处理；⑩订立合同的年、月、日。

采用保险人提供的格式条款订立的保险合同中的下列条款无效：

（1）免除保险人依法应承担的义务或者加重投保人、被保险人责任的。

（2）排除投保人、被保险人或者受益人依法享有的权利的。

变更保险合同的，应当由保险人在保险单或者其他保险凭证上批注或者附贴批单，或者由投保人和保险人订立变更的书面协议。

◆ 保险事故发生时索赔的注意事项有哪些？

保险事故发生后，按照保险合同请求保险人赔偿或者给付保险金时，投保人、被保险人或者受益人应当向保险人提供其所能提供的与确认保险事故的性质、原因、损失程度等有关的证明和资料。保险人按照合同的约定，认为有关的证明和资料不完整的，应当及时一次性通知投保人、被保险人或者受益人补充提供。投保人、被保险人或者受益人知道保险事故发生后，应当及时通知保险人。

保险人收到被保险人或者受益人的赔偿或者给付保险金的请求后，应当及时做出核定；情形复杂的，应当在30日内做出核定，但合同另有约定的除外。保险人应当将核定结果通知被保险人或者受益人；对属于保险责任的，在与被保险人或者受益人达成赔偿或者给付保险金的协议后10日内，履行赔偿或者给付保险金义务。保险合同对赔偿或者给付保险金的期限有约定的，保险人应当按照约定履行赔偿或者给付保险金义务。保险人依照《中华人民共和国保险法》的规定做出核定后，对不属于保险责任的，应当自做出核定之日起3日内向被保险人或者受益人发出拒绝赔偿或者拒绝给付保险金通知书，并说明理由。

保险人未及时履行前款规定义务的,除支付保险金外,应当赔偿被保险人或者受益人因此受到的损失。

◆ **哪些行为保险人不予以赔偿？**

（1）未发生保险事故,被保险人或者受益人谎称发生了保险事故,向保险人提出赔偿或者给付保险金请求的,保险人有权解除合同,并不退还保险费。投保人、被保险人故意制造保险事故的,保险人有权解除合同,不承担赔偿或者给付保险金的责任。

（2）保险事故发生后,故意或者因重大过失未及时通知,致使保险事故的性质、原因、损失程度等难以确定的,保险人对无法确定的部分,不承担赔偿或者给付保险金的责任,但保险人通过其他途径已经及时知道或者应当及时知道保险事故发生的除外。

（3）投保人、被保险人或者受益人以伪造、变造的有关证明、资料或者其他证据,编造虚假的事故原因或者夸大损失程度的,保险人对其虚报的部分不承担赔偿或者给付保险金的责任。投保人、被保险人或者受益人有以上规定行为之一,致使保险人支付保险金或者支出费用的,应当退回或者赔偿。

◆ **你知道家庭财产保险中房屋保险的范围吗？**

一般说来,凡坐落于本保险单载明地点并属于被保险人自有的住人房屋,都可以向保险公司投保,但下列房屋不在保险房屋范围之内：

（1）正处于紧急危险状态下的房屋。

（2）年久失修或无人居住的房屋。

（3）为当地政府征用、拆迁的房屋或违章建筑。

（4）用芦苇、芦席、稻草、油毛毡、麦秆、塑料布、帆布等材料为外墙、屋顶、屋架的简陋屋棚、简易厨房。

（5）畜禽舍、仓房。

（6）房屋的附属设备或附属建筑物,如土围墙、厕所、花台、下水道、壁柜、炉具、暖气、电表、照明设备等。

（7）在建房屋及建筑材料。

保险房屋由于下列原因造成的损失或施救费用支出,保险公司负责赔偿：

（1）火灾、爆炸、空中运行物体的坠落或其他固定物体的倒塌。

（2）雷电、冰雹、雪灾、洪水、冰凌、泥石流、海啸、崖崩、破坏性地震、突发性地陷或滑坡。

（3）暴风（八级以上）、暴雨（12小时降水30毫米以上）使房屋主要结构（墙体、屋顶、屋架）倒塌和损毁。

（4）因防止灾害蔓延或因施救、保护之必要措施造成保险财产的损失及支付的合理费用。

◆ 人身保险包括哪几类？

人身保险是以人的寿命和身体为保险标的的保险。人身保险的投保人按照保单约定向保险人缴纳保险费，当被保险人在合同期限内发生死亡、伤残、疾病等保险事故或达到人身保险合同约定的年龄、期限时，由保险人依照合同约定承担给付保险金的责任。人身保险分为人寿保险、健康保险和人身意外伤害保险。

◆ 办理人身保险时应注意哪些问题？

（1）投保后要备案。人寿保险长的要管几十年，甚至一辈子，因此应将保单中的有关重要资料，如保险公司名称、地址、保单生效日、交费金额、日期、联系电话等记下，以备不时之需。

（2）注意限期。保费支付的宽限期为合同规定支付日后60天，如果过期仍未交保费，则保险合同失效。

（3）不能为无民事行为能力的人投保。但父母为其未成年的子女投保人身保险不在此限。

（4）被保险人故意犯罪导致死亡、伤残的，保险人不负赔偿责任。

（5）我国幅员辽阔，每个保险公司开办的人身保险业务不尽相同，有的开办简易人身保险、团体人寿保险、一生平安险；有的开办老来福终险、小福星终身险、平安长寿险等等。每一种在办理保险时要仔细询问，做到心里明白，然后再购买。

◆ 怎样与保险公司打交道？

农民要参加保险就要和保险公司打交道，打交道时注意以下几点：

（1）研究了解保险公司，不打无准备之仗。农民参加保险有的长达几十年时间，要求保险公司提供服务的时间相应很长，因此，保险公司的实力、信誉、条款、售后服务都很重要。购买保险前应对保险公司的经济实力、注册资本、业务开展、经营业绩、理赔情况等进行深入了解，做到心中有底。

（2）货比三家，择优选购。尽管各家公司开办的险种、条款、费率都是经过中国人民银行批准的，但如果仔细比较，也确有不同。如领取生存保险金，有的3年一领，有的5年一领；有的保7种大病，有的保10种大病；有的保到70岁，有的负责终身；有的到期还本，有的到期分文不退等。应经过全面衡量，择优选购而不盲目购买。

（3）认真挑选险种，注意"效益"。如人寿保险种类很多，有的据交费时间确定领取年龄，有的领养老金时才确定；有的是月领取，有的是年领取，还有的是一次性领取或是增额领取。

（4）仔细研究合同条款，谨防推销误导。农民朋友在购买保险时一定不要急，不能仅听推销员的介绍，就匆忙购买。在购买之前要认真仔细地研究合同条款，弄清楚自己买的是什么保险，保险的责任是什么，除外责任是什么，保险金额、价值是多少，怎样交费，怎样获益，投保人的权利和义务是什么，有无特别规定等等。

（5）全面考虑责任，不能只计较保费。购买保险不能光图便宜，而要清楚参加这份保险的保险金额是多少，保障范围有多大，期限有多长，全面考虑保险责任后慎重选择。

（6）自己做主，不盲目跟风。买保险要根据自己的财力、企业经营和个人家庭实际需要决定，不能像跟风一样，人买我买，人不买我也不买。同时，不要因推销员是亲友或熟人，抹不开情面，硬着头皮买下，结果自己并不需要，花冤枉钱。

◆ 农业风险有哪些？

（1）按农业生产对象划分为种植业风险和养殖业风险。

（2）按风险性质可划分为纯粹的农业风险和投机性风险。

（3）按风险产生的原因分为：①自然风险。这种风险包括气象灾害（干旱、低温、风灾、冰雹等）、植物病虫害、草害、动物疾病、地震、泥石流、环境污染、洪水、雷电等；②经济风险。这种风险包括农产品价格变动、利率浮动、经济制度变革、生产资料涨价、贸易条件恶化等；③社会风险。此种保险包括政局变化、战争、罢工导致的政治风险，火灾、投毒、恶意破坏、管理不善、操作不当、管理人员贪污或失职等行为风险以及工业技术的提高、农业生产技术的改进、农业科技的应用产生的技术风险等。

◆ **什么是农业保险？**

农业保险与农村保险是两个不同的概念。后者是以地域命名，是指在农村范围内举办的各种保险的总称，除含农业保险外，还包括乡镇企业、农业生产者的其他各种财产、人身保险。

农业保险的保险标的包括农作物栽培（农业）、营造森林（林业）、畜禽饲养（畜牧业）、水产养殖、捕捞（渔业）以及农村中附属于农业生产活动的副业。

我国开办的农业保险主要险种有：养殖业如生猪保险、养鸡保险、养鸭保险、奶牛保险、耕牛保险、山羊保险、淡水养殖保险、养鹿保险、蚌珍珠保险等；种植业如水稻保险、蔬菜保险、林木保险、水果收获保险、西瓜收获保险、小麦保险、油菜保险、棉花保险、烤烟保险等。

◆ **农业保险有哪些特点？**

（1）经济性。由于在农业生产过程中可能发生各种各样的风险，通过参加农业保险就可以将客观存在的未来风险转移，把不确定性损失转变为确定性成本（保费），使未来可能发生的损失和收益明确，保证实现希望得到的平均收入。

（2）法律性。以合同为基础，依照合同约定，投保人向保险人交纳保费，保险人在被保险人发生合同规定的损失时给予补偿。

（3）互助性。当被保险人因约定风险发生而发生损失时，可向保险人申请赔偿，将1个人的重损失，变为多数人的轻负担，从而实现"众人为我，我为众人"。

◆ **我国农业保险发展状况如何？**

农业保险作为农业风险管理的重要环节之一，是其他预防、赈灾、救济等方式无法替代的。农业保险在农村经济社会发展中能起到稳定器的作用。农业保险能够改变农民"1次重灾，即刻致贫"的现状，稳定农民基本生活水平；能够使农业发展摆脱"1年受灾，3年难翻身"的局面，稳定农业再生产能力。但近几年来，在我国城市保险蓬勃发展的同时，农业保险却连续10年萎缩。农业保险发展不足，不可避免地影响我国和谐社会和和谐农村的构建。

我国是个农业大国，在国民经济各个产业中，投入大、周期长的农业是弱质产业，而据联合国开发计划署的标准，我国又是世界上灾害频发、受灾面广、灾害损失严重的国家之一。从近10年来看，自然灾害每年给我国造成的经济损失都在10亿元以上，常年受灾人口达2亿多人次，但农业保险占全国财险保费收入的不到10%，占总保费收入的不到1%，占农业GDP的不到0.1%，农业险种不足，与农业发展的实际需求极不相称。由于作为独立生产单位的农户自身抗灾能力极其有限，一旦遭遇天灾人祸，几年都不能翻身。目前开展的农业保险面临诸多难题和困惑，包括政府、保险公司、农户三方利益难均衡；农业灾害风险难预测；道德风险和逆向选择难防范；理赔定损难操作；超赔再保难出售等。

◆ **农民自身的哪些思想观念阻碍了农业保险的发展？**

农民风险意识淡薄，缺乏参加保险的主动性。我国农民长期受自给自足传统观念的束缚，往往只注重眼前既得利益，缺乏变通。对农业保险不理解或是存在认识偏差，主要表现为以下四论：

（1）无用论。认为种田收粮老本行，有无保险都行。对于风险不大的险种，农民根本不愿意参保，风险大的险种，保险公司又很难支付高赔付率。

（2）灾变论。受灾时感到保险重要，无灾时却缺少防范。

（3）短期收益论。认为参加保险后如果无灾损，只交保费不受益会吃亏，甚至要求保险公司退保。有些农民甚至将保险公司作为救济机构，想方设法向保险公司索赔，造成保险公司不能正常地经营。

（4）负担论。由于保险知识宣传不够，有些农民将保险费支出作为"额外负担"，甚至被不公平地认为是乱收费。

◆ 当前保险公司的赔付率、保险费率怎样？

当前我国大多保险公司开办的农业保险赔付率高、保险费率高，这与农民收入水平低下矛盾突出。我国农业比较收益低，农民收入水平低下，但我国农业保险的保费却相对较高，最低的在2%，一般地方农作物险种费率高达8%～10%，最高的达15%～20%，比其他财产保险的费率要高出十几倍。如此高的保险费率，农民是难以承受的。由于保险费率高，出现了风险高的地区急于投保，而风险低的地区则不愿意投保的现象。即使价格相对便宜的险种，保险期限一般也较短，农民投保的积极性也不高。

◆ 农业保险商业化经营中出现了什么问题？

商业化经营导致农业保险陷入两难困境。在商业化经营过程中，农业保险基金要由农户单独承担。即通过农业保险费的方式，把农业保险赔付及经营成本、保险人的合理收益全部转嫁给农户。但农业本身是一个低收益产业，农户收入太低，根本不具有相应的支付能力，所以只好对农业保险敬而远之。所以多年来，我国的农业保险都未走出这么一个"怪圈"：即农民想投保，但交不起钱；农民能接受的，保险公司又赔不起。高赔付导致了农险的高保费，而高保费又令更多的农民买不起保险。如果保险人降低保险费迎合农户需求，则会面临亏损的局面。保险人是一个自主经营、自负盈亏的经济主体，亏损经营必然会导致保险人的退出。

◆ 政府对农业保险的监管出现了什么问题？

我国政府对农业保险的监管一直存在两个问题：

（1）监管成本高、有效性差。由于我国的保险起步晚，技术和经验缺乏，主要是采取严格的实体监管方式，监管的重点仍在条款及费率的审批、手续费标准管理等方面,而对关系到保险行业稳定发展的偿付能力、资产负债质量等方面的规定还相当欠缺,没有起到监管的实质性作用。

(2)缺乏专门针对政策性业务的监管。对不同性质的保险业务,实施不同的监管规则是国际惯例。而我国的保监会对不同性质的保险业务实施同样的监管规则,将农业保险按照商业保险的监管规则来运作,致使一些扶持农业保险的政策难以落实。

◆ 农业保险的再保险机制建立了吗?

当前农业保险再保险机制尚未建立,保险人缺乏应对巨灾风险能力。再保险也称分保,是保险人将所承保的危险责任的一部分或全部向其他保险人再投保的行为。再保险是分出人与接受人之间订立的再保险合同,根据再保险合同,接受人对分出人由于所承担的责任或承保的危险发生赔款而受到经济损失给予补偿。再保险也是保险的一种,它和保险一样,都是危险的承担、分散与转让。

目前我国的农业保险由于缺乏适当的再保险安排,使得风险过于集中在保险经营主体自身,不仅导致保险公司经营风险增大,也影响了保险公司承保能力的扩大和经营稳定性,从而使得很多保险公司在开展农业保险时畏首畏尾。

◆ 粮食作物保险及特点是什么?

粮食作物又称食用作物,收获的产品富含淀粉、蛋白质,是能为人类提供主要食物的一类作物。通常来说,人们把粮食作物分为下列三类:

(1)禾谷类作物。常见的有稻、小麦、大麦(包括青稞、元麦)、燕麦(包括莜麦)、黑麦、玉米、高粱、粟和荞麦等。

(2)豆类作物。常见的有大豆、蚕豆、豌豆、绿豆、小豆、菜豆、小扁豆、扁豆和鸡头豆等。

(3)根茎类作物,也称薯芋类作物。常见的有甘薯、马铃薯、豆薯、木薯、山药、蕉藕、芋、菊芋等。

粮食作物的保险有以下特点:

(1)风险大,赔付率高。例如中国人民保险公司多年来开展的稻谷、玉米等粮食作物保险,平均赔付率在80%以上,玉米保险的赔付率几乎年年都在100%以上。

（2）业务开展难度大。与经济作物的农民相比，生产粮食的农民收入更低，保险费承受能力更弱，从而造成粮食作物的商业性经营难以开展。

（3）政策性强。由于粮食作物生产涉及国家的粮食安全问题，因此许多国家在开展政策性农业保险时，一般首先把粮食作物中涉及国计民生的种类的保险列入政策性保险范围。

◆ 经济作物保险及特点是什么？

经济作物是指其收获物主要作为加工原料的作物，亦称工业原料作物，是相对于粮食作物而言的。一般讲经济作物分为以下几类：

（1）纤维作物。常见的有棉花、大麻、黄麻、红麻、剑麻、蕉麻、菠萝麻、罗布麻等。

（2）油料作物。常见的有油菜、花生、芝麻、蓖麻、向日葵、黄芥、苏子等。

（3）糖类作物。常见的有甘蔗和甜菜。

（4）其他作物。主要包括烟草、茶叶、薄荷、咖啡、啤酒花、代代花等。

从理论上讲，所有经济作物都可以保险，但从实践看来，只有生产种植成规模、保险人熟悉和掌握了生产技术和定损理赔技术的那些经济作物才能保险。例如中国人民保险公司开展的棉花种植保险、烟草种植保险就是这样。

总之，经济作物保险有以下特点：

（1）保额较高，源于生产成本高。

（2）费率高，源于经济作物抗灾性能差。

（3）定损理赔技术复杂，由于有些作物在一定生长期有恢复能力，也有些作物属多年生，因此大部分作物的产量测定技术复杂且费时费力。

◆ 什么是蔬菜保险？

蔬菜保险指以种植的蔬菜作为保险标的的保险。蔬菜保险因蔬菜的生产方式不同可分为露天蔬菜保险、保护地栽培蔬菜保险、无土栽培蔬菜保险。蔬菜保险也可用蔬菜的名字直接命名，如黄瓜保险、西瓜保险、西红柿保险等等。目前开办的比较普遍的蔬菜保险是塑料棚蔬菜种植保险。

蔬菜保险的保险责任一般为1种或几种自然灾害,大棚菜保险还可以承保火灾责任。蔬菜保险的保险金额原则上以种植成本确定,以保障灾后能够恢复生产。

蔬菜的抗灾能力(特别是抗雹)很差,所以蔬菜保险的保险费比较高,一般为百分之几,甚至更高。

◆ **什么是园林保险?**

园林保险指以园林的花草树木作为保险标的的保险。目前,我国园林保险开展得很少,尚缺乏经验。

试办园林保险应贯彻稳妥原则,可先从温室或苗圃、花圃做起,取得经验后再扩大业务范围。试办园林保险应首先选择单一责任承包,保险金额不应以市场价确定,而应以成本价确定,以免产生道德危险。

◆ **温室园艺作物种植保险可予以保险的范围是怎样的?**

保险责任在保险期间内,由于下列原因直接造成保险标的的损失,保险人负责赔偿:①火灾;②雹灾;③为抢救保险标的或防止灾害蔓延,采取必要的、合理的措施而造成保险标的的损失。

被保险人为减少保险标的损失所支付的必要的、合理的费用。

◆ 什么是饲料作物保险？

饲料作物保险指以饲料作物作为保险标的的保险。据有关资料，国外有饲料作物保险的实践。联邦德国早在1963年就有豌豆、豆类保险，其保险费率幅度为1.4%～10%。美国亚拉巴马州1978年干草类的保险费率为1.75%，而德克萨斯州于1963年已有牧草费率分类，苏丹草、茎类作物为一个费率系类，紫苜蓿、猪尾草为另一个费率系列。我国的饲料作物保险，目前基本上是一个空白。

什么是特种作物保险？

特种作物保险指以特种作物作为保险标的的保险。特种作物保险包括中草药种植保险、茶树保险和植桑养蚕保险等。

目前国际上对特种作物保险的报道不多，国内也缺乏此方面的资料。日本于1938年开办桑叶保险，1948年桑叶保险被养蚕保险和蚕茧保险所代替而成为实际意义上的植桑养蚕保险，其保险责任是风暴、洪水、干旱、寒冷和降雪等自然灾害以及虫害造成的损失。

我国的中草药，如黄芪、生地黄、党参、栀子等都有一定的种植规模，商品价值高，保险资源比较丰富，有开发潜力。

◆ 蔬菜、园林、饲料、特种作物保险的特点有哪些？

（1）保险金额较高。除饲料作物外，其他作物单位面积的生产投入大、技术含量高、产值高，因而其保险金额一般较高。一亩小麦的保额在我国不过几百元，而一亩大棚菜的保额则为7000多元。

（2）保险费率较高。在其他作物中，除豆科作物外，多数作物的抗雹能力较差，雹灾损失率较大，农作物保险往往首选雹灾责任，因而其他作物保险的保险费率较高。

（3）专业技术复杂。其他作物因种类繁多，栽培技术难度大，产值悬殊，抗灾能力各不相同，在保险涉及和实务操作上都有很强的专业性。例如蔬菜雹灾保险，蔬菜的种类至少有几十种，进行保险设计时必须先对各种蔬菜的生产原理与生产过程有所了解，才可能对相应的保险条款进行设计。因此，这类保险具有专业技术的复杂性。

◆ **什么是林木保险，它的特点是什么？**

林木保险是以具有经济价值的天然原始林和各类人工营造林为标的，对它们在生长过程中，因约定的、人力不可抗拒的自然灾害和意外事故造成的经济损失，保险人按照保险合同规定向被保险人提供经济补偿的一项保险业务。

林木保险有以下特点：

（1）可续保期长。在农业保险中，保险期按生长季节只有几个月，一个有生命的标的就此结束，续保时是另一个有生命的标的，而林木保险标的则是多年生植物，生长期长。

（2）责任单一，费率低。我国的原始森林经过若干年的更新，逐步成为人工营造林，虽说可能遇到的自然灾害比较多，但目前仅限于火灾责任。因此，地表上的草本植物和腐殖层减少，火灾发生的概率减少，损失率低，保险费率比其他农作物低，一般在 0.5%～1%。

（3）灾后的观察期长。例如，在长江流域，由于林木的火灾发生旺季是秋冬干旱期，树木被火灾烧后是否死亡，当时测不出来，必须到春暖花开时，观测火烧迹地的树木是否萌发新的树叶，因此其观察期在几个月左右。

（4）保险赔款与造林相结合。如若受保险保障的森林遭受火灾，林地需要更新，但由于保险赔款是赔给投保者，暂不赔林农，所以将由林业部门组织林农造地，经技术部门对造林地验收合格，谁造林赔给谁，多造可获得较多的赔款。这样一来，保险与造林相结合，从而促进了林业生产发展。

（5）被保险人与保险人双方都取得了较好的经济效益。例如，从 1985 年以来，中国人民保险公司湖南省分公司在十多年林木保险工作中，保险公司配合政府森林防火指挥部，积极开展安全检查，逐步增加防火设备，建立了防火道、瞭望台等。随着政府部门防火责任制的落实，火灾发生的概率明显降低，保险赔款也减少了。

◆ **什么是养殖业保险？**

养殖业保险是指以有生命的陆生动物或水生生物为保险标的，保险人在被保险人支付约定的保险费后，对保险标的因遭受保险责任范围内的自然灾害、意外事故和疾病所造成的损失，对被保险人进行经济补偿的一种保险业务。

养殖业保险可分为以下几类：

（1）大牲畜保险。大牲畜保险是以人工饲养的大型牲畜（主要包括牛、马、骡、驴、骆驼等）的生命价值为保险标的的一种死亡损失保险。

（2）小牲畜保险。小牲畜保险是以人工饲养的中小牲畜的生命为保险标的一种死亡损失保险。小牲畜包括猪、羊、兔等中小畜类。

（3）家禽保险。家禽保险是以商品性养殖的禽类动物的生命为保险标的的一种死亡损失保险。家禽包括鸡、鸭、鹅等。

（4）水产养殖业保险。水产养殖业保险是以商品性养殖的水产品作为保险对象的一种损失保险。

（5）特种养殖保险。特种养殖保险是以经济价值较高且未经长期驯化的野生动物，或经过人工驯化的且具有一定经济价值的动物为保险标的的一种死亡损失保险。

◆ **奶牛保险基本险的保险范围有哪些？**

在保险期限内，由于下列原因造成保险奶牛死亡，保险人负责赔偿：

（1）在分娩过程中，因胎儿不能顺利娩出，造成子宫破裂或穿孔大出血。

（2）产后72小时以内因患产后瘫痪或产后败血症，经积极治疗但仍无效的。

（3）火灾、雷击、爆炸、淹溺、野兽伤害、空中运行物体坠落或固定物体倒塌。

（4）洪水、冰雹、暴风、暴雨、龙卷风、台风。

五、金融机构

◆ **什么是中央银行？**

中央银行是由政府组建的机构，负责控制国家货币供给、信贷条件，监管金融体系，特别是商业银行和其他储蓄机构。中央银行是一国最高的货币金融管理机构，在各国金融体系中居于主导地位。中央银行的职能是宏观调控、保障金融安全与稳定、金融服务。我国的中央银行是中国人民银行。

◆ **中央银行有什么作用？**

（1）中央银行是"发币的银行"。对调节货币供应量、稳定币值有重要作用。

（2）中央银行是"银行的银行"。它集中保管银行的准备金，并对它们发放贷款，充当"最后贷款者"。

（3）中央银行是"国家的银行"。它是国家货币政策的制订者和执行者，也是政府干预经济的工具；同时为国家提供金融服务，代理国库，代理发行政府债券，为政府筹集资金；代表政府参加国际金融组织和各种国际金融活动。

◆ **政策性银行指的是什么？**

政策性银行系指那些多由政府创立、参股或保证的，不以营利为目的，专门为贯彻、配合政府社会经济政策或意图，在特定的业务领域内，直接或间接地从事政策性融资活动，充当政府发展经济、促进社会进步、进行宏观经济管理工具的金融机构。我国的三大政策性银行是中国进出口银行、国家开发银行、中国农业发展银行。

◆ **我国三大政策性银行各自的功能都是什么？**

国家开发银行筹集和引导社会资金，支持国家基础设施、基础产业、支柱产业和高新技术等领域的发展和国家重点项目建设；向城镇化、中小企业、"三农"、教育、医疗卫生和环境保护等社会发展瓶颈领域提供资金支持，促进科学发展和和谐社会的建设；配合国家"走出去"战略，积极拓展国际合作业务。

中国农业发展银行按照国家的法律、法规和方针、政策，以国家信用为基础，筹集农业政策性信贷资金，承担国家规定的农业政策性和经批准开办的涉农商业性金融业务，代理财政性支农资金的拨付，为农业和农村经济发展服务。

进出口银行是我国外经贸支持体系的重要力量和金融体系的重要组成部分，是我国机电产品、成套设备和高新技术产品出口及对外承包工程及各类境外投资的政策性融资主渠道、外国政府贷款的主要转贷行和中国政府援外优惠贷款的承贷行。

◆ 农业发展银行在支持农村发展中出现了什么问题？

作为政策性银行，农业发展银行的资金应主要来源于财政无偿拨款和其他形式的有偿借款，农业发展银行成立时，国务院也曾明确规定过它的资本金数量及来源。但由于财政拨付资金有限，且常常不能按时到位，农业发展银行实际上不得不主要通过向商业银行发行金融债券和向中央银行借款来筹集资金，筹资成本较高，这与农业发展银行的优惠贷款形成了巨大的利差缺口。按照国际惯例，这个缺口应由财政补贴，但至今我国政策上没有这个规定，相反却要求农业发展银行实行"独立核算，自主、保本经营，企业化管理"，这就使农业发展银行举步维艰。

另外，按规定农业发展银行的主要业务是办理粮、棉、油等主要农副产品的国家专项储备和收购贷款，办理国务院规定的扶贫、农业综合开发、小型农林水利建设和技术改造贷款等，但事实上，农业发展银行只能在农产品收购方面发挥政策性金融组织的作用，不能全面承担农村政策性银行的重任。

◆ 国有商业银行指的是什么？

商业银行是以经营工商业存、放款为主要业务，并以获取利润为目的的货币经营企业。处于我国金融中介体系中主体地位的是四家国有商业银行：中国工商银行、中国农业银行、中国银行、中国建设银行。这几大银行无论在人员和机构网点数量上，还是在资产规模及市场占有份额上，在我国整个金融领域中均处于举足轻重的地位，在世界大银行的排序中也处于较前列的位置。伴随金融的进一步改革，完善我国现代商业银行体系的一项重要内容就是国有独资商业银行的股份制改造。

◆ 商业银行的功能是什么？

商业银行可以经营下列部分或者全部业务：吸收公众存款；发放短期、中期和长期贷款；办理国内外结算；办理票据贴现；发行金融债券；代理发行、代理兑付、承销政府债券；买卖政府债券；从事同业拆借；买卖、代理买卖外汇；提供信用证服务及担保；代理收付款项及代理保险业务；提供保管箱服务；经中国人民银行批准的其他业务。

◆ 农业银行在帮助农村经济发展过程中出现了哪些问题？

农业银行在农村的业务逐步萎缩，已不是农村金融的主体。作为商业银行，从追逐利润最大化原则出发，农业银行的市场定位和经营策略都已发生了很大变化，信贷投放重点由农业转向工商业，竞争的视角也从农村转向城市。农业银行的涉农贷款主要对农业产业化龙头企业放贷。县级农行没有贷款的权利，每一笔贷款均要由中心城市分行，甚至省级分行批准。农业银行的农村行已成为储蓄银行，吸收农村闲置资金，用于城市大型项目，造成农村经济所需资金的严重短缺。

目前农业银行业务经营范围与其他国有商业银行基本无异。同时，农业银行正逐步退出农村，向城市发展。

◆ 什么是非法金融机构？

非法金融机构是指未经有关金融监管部门批准，擅自设立从事或者主要从事吸收存款、发放贷款、办理结算、票据贴现、资金拆借、信托投资、金融租赁、融资担保、外汇买卖以及证券、保险等金融业务活动的机构。非法金融机构的筹备组织，也应视为非法金融机构。

◆ 什么是非法金融业务活动？

非法金融业务活动，是指未经有关金融监管部门批准，擅自从事的下

列活动,包括:

(1)非法吸收公众存款或者变相吸收公众存款。

(2)未经依法批准,以任何名义向社会不特定对象进行的非法集资。

(3)非法发放贷款、办理结算、票据贴现、资金拆借、信托投资、金融租赁、融资担保、外汇买卖。

(4)有关金融监管部门认定的其他非法金融业务活动。

◆ 什么是非法吸收公众存款和变相吸收公众存款?

非法吸收公众存款是指未经有关金融监管部门批准,向社会不特定对象吸收资金,出具凭证,承诺在一定期限内还本付息的活动;变相吸收公众存款是指未经有关金融监管部门批准,不以吸收公众存款的名义,向社会不特定对象吸收资金,但承诺履行的义务与吸收公众存款性质相同的活动。

◆ 你知道什么是非法集资活动吗?

非法集资就是指一些单位或者个人在没有依照法定的程序经有关部门批准的情况下,以发行股票、债券、彩票、投资基金证券或其他债权凭证的方式,向社会公众进行筹集资金,并承诺在一定期限内以货币、实物以及其他利益等方式向出资人还本付息或给予回报的行为。

◆ 非法集资活动的基本特征是什么?

非法集资活动主要有以下四个方面的基本特征:

(1)未经有关部门依法批准,包括没有批准权限的部门批准的集资以及有审批权限的部门超越权限批准的集资。

(2)承诺在一定期限内给出资人还本付息,其还本付息形式既可以是货币形式,也可以是实物或其他形式。

(3)向社会不特定对象即社会公众筹集资金。

(4)以合法形式掩盖其非法集资的性质。

◆ 你知道从事非法集资活动经常都是打着哪些幌子进行的吗?

非法集资活动伴随着我国改革开放和经济社会发展,并随着时代的变迁而不断发展变化,其方式、方法也在不停地变换花样。当前,非法集资形式主要有以下几种：

（1）借用种植、养殖、项目开发、庄园开发、生态环保等名义非法集资。

（2）以变相发行股票、债券、彩票、债权凭证等形式非法集资。

（3）通过入股分红、认领股份进行非法集资。

（4）通过办理会员卡、会员证、优惠卡、消费卡等方式进行非法集资。

（5）以商品销售与返租、回购与转让、发展会员、商家加盟、传销与"快速积分法"等方式进行非法集资。

（6）利用民间的"会"、"社"等组织进行非法集资。

（7）利用现代电子网络技术构造的"虚拟"产品，如"电子商铺"、"电子百货"投资委托经营、到期回购等方式进行非法集资。

（8）对物业、地产等资产进行等份分割，通过出售其份额的处置权进行高息集资。

（9）以签订商品经销等经济合同的形式进行非法集资。

（10）利用传销或秘密串联的形式非法集资。

◆ 如何识别非法集资活动？

识别非法集资活动，主要把握以下几点：

（1）看主体资格是否合法。根据现行法律法规的有关规定，向社会不特定对象募集资金必须经过法定部门审批。如某种集资活动未经有关部门依法批准，包括没有批准权限的部门批准的集资和有审批权限的部门超越权限批准的集资，就涉嫌非法集资。

（2）看是否承诺回报。非法集资行为一般具有许诺一定比例集资回报的特点，承诺在一定期限内给出资人还本付息或投资收益回报，即通常所谓的"保底"条款。

（3）看是否向社会不特定对象募集资金。所谓"不特定对象"是指社会公众，即具有不同身份、年龄、性别、职业、行业、阶层、关系的社会各类人员，而不是单位内部或外部的少数特定人员。

（4）看是否以合法形式掩盖其非法集资的性质。从事非法集资的单位或个人一般都是在貌似合法的形式下掩盖其非法集资活动的实质。

◆ **如何防范非法集资风险？**

防范非法集资风险，需要广大人民群众增强风险意识和自我保护意识，自觉抵制非法集资活动。

（1）要认清非法集资的危害。对非法集资活动的本质和危害，要提高识别能力，自觉抵制各种诱惑，坚信"天上不会掉馅饼"、"没有免费的午餐"，对"高额回报"、"快速致富"的投资项目进行客观、冷静分析，识破其虚假、欺骗、诱惑的实质，避免上当受骗。

（2）增强理性投资意识。高收益往往伴随着高风险，对投资者来说，市场有输赢，投资有盈亏，特别是一些不规范的经济活动更是蕴藏着很大的风险。人们一定要增强理性投资意识，依法保护自身权益。

（3）增强参与非法集资风险自担意识。《非法金融机构和非法金融业务活动取缔办法》（国务院第247号令）明确规定："参与非法金融活动受到的损失，由参与者自行承担。"非法集资本身是违法行为，参与者的利益不受法律保护。

◆ **怎样和银行保持良好的关系？**

在与银行的交往中，首先要使银行对贷款的安全绝对放心。这就要求我们要做好以下几项工作：平时要注意培养良好的形象；注重培养与银行经办人员的感情；在与银行的业务交往中，不能要求事事顺利，尤其办事一时受挫，要有耐心；主动、热情地配合银行开展各项工作，这有利于与银行保持良好的关系；诚实守信，按时还本付息，保持良好的信用记录。

◆ **非银行金融机构指的是什么？**

非银行金融机构指除商业银行和专业银行以外的所有金融机构。主要包括信托投资机构、证券机构、保险公司、融资租赁以及农村信用社、财务公司等。

◆ **什么是合作金融机构？**

合作金融有着悠久的历史，在金融体系中占有重要地位。合作金融机构主要有农村信用合作社、城市信用合作社、劳动金库、邮政储蓄机构、储蓄信贷协会等。

◆ **保险机构是指哪些机构？**

保险机构主要有保险公司、国家保险局、相互保险所、保险合作社及个人保险组织等。

◆ **当前我国农村有哪些金融机构？**

第一类是国家带有产业扶持和赈济性质的政策性金融机构，在农村，主要指中国农业发展银行。第二类是国家商业银行，在农村主要指中国农业银行；第三类是带有准官方性质的合作金融机构，在农村主要指的是农村信用合作社；第四类是指各种形式的民间金融机构，诸如互助会、私人钱庄、储贷协会、基金会等。

◆ **我国农村金融机构存在哪些问题？**

农村金融系统虽然将支持农村经济社会发展作为其主要目标之一，却因为体制、运行机制及"非农"偏好等诸多原因而没有起到其应有的作用。主要表现在：

农业发展银行是专门的政策性金融机构，其职能仅定位在加强粮食宏观调控，支持粮食流通企业上，主要把贷款发放给国有粮棉购销企业。

中国农业银行基于其商业的性质，纷纷把视角从农村转向城市。

农村信用合作社作为农村金融的主力军，在过去的50多年里始终服务于农村市场，起了不可低估的作用，但由于其产权不清、经营不善、行政干预以及监管制度、内控制度等方面存在的问题，亏损严重，聚集大量风险，逐渐失去了支持三农的能力。

我国的保险公司提供的农业保险几乎处于停办状态；邮政储蓄原则上只存不贷，转存央行，坐收无风险的盈利。

其他金融组织包括典当行、担保公司等等基本上都是商业化运作，而不是以支农为主要目的。

民间金融在农村金融市场中的地位不容忽视，但其发展最大隐患就是不规范、风险高、纠纷多、盲目性大，易造成社会的动荡，不仅加重了农户及中小企业的经营成本，更加大了其经营风险。

正是由于上述原因，本该联系非常紧密的农村经济社会发展与农村金融在我国却表现得非常松散。

◆ 什么是农村正式性金融？

所谓农村正式金融就是以国有商业银行和农村信用合作社共同组成的金融体系。

◆ 什么是农村非正式金融？

非正式金融是指采用非标准化的金融工具，通过正式金融机构以外的非官方监管的民间渠道，为农村的生产、经营和消费提供各种资金借贷或资金融通服务的形式及其活动。既包括农户之间发生的各种借贷行为，也包括银背、私人钱庄、合会、民间集资、民间商业信用和农村合作基金会等。

◆ 中国农业银行对"三农"的支持情况怎样？

农业银行的涉农经营业务主要是向农业基础设施建设提供政策性贷款和农业企业提供商业贷款。因此，在获得农业银行支农资金时首先要确立其商行支农的地位。一方面，政府提供财政贴息或支持贷款担保，引导农业银行向农业提供贷款。通过税收等政策引导商业银行把一定比例的资金用于农业。另一方面农业银行的放贷领域应有别于财政支农的投资范围，主要集中在支持农村城镇化和农村基础设施建设的政策性贷款；对农业产业化龙头企业、经营状况较好的县域工商企业提供商业贷款。

◆ 中国农业发展银行对"三农"的支持情况是什么样的？

农业发展银行资金投放主要集中在支持粮棉基地建设和改造，为流通领域的农副产品收购和储备供应资金上，放款对象为国有流通企业，资金封闭运行，涉及农户和农业企业的业务较少，机构主要分布在省、地市和部分粮食主产区的县市。

在新农村建设中，农业发展银行将从单纯的"粮食银行"转变为支持农业开发、农村基础设施建设、农业结构调整、农产品进出口的综合型政策性银行。

◆ 农村合作金融机构对"三农"支持情况如何?

农村合作金融机构包括农村信用社、农村商业银行和农村合作银行。新农村建设中,不同地区可根据自身经济发展条件决定自己的发展道路,转换经营机制,提高对农户贷款的覆盖面,主要满足农民的小额信贷需求。

◆ 邮政储蓄在支持"三农"中出现了哪些问题?

全国邮政储蓄约 90% 来自县以下农村地区,这其中的 98.63% 用于同业存款和证券投资而从农村流出。因此邮政储蓄改革一方面要做到邮政与储蓄分离,另一方面拟建的邮政储蓄银行应本着"取之于农、用之于农"的思路,考虑与信用社合作,利用信用社在农村的网点和资源,积极开拓农村金融市场,扩大邮政储蓄资金的自主运用范围,使邮政储蓄资金返还农村。

◆ 非正式金融存在哪些问题?

(1)存贷款利率普遍较高,往往是官方金融组织的数倍。目前,民间借贷与金融机构的贷款之间存在 2%~9% 的利差。

(2)存在较大的金融风险。民间金融组织良莠不齐,有些具有良好的信誉和运行机制;有些则出现非法集资、经营者卷钱潜逃的现象。民间借贷引发的经济纠纷和刑事案件时有发生。

◆ 非正式金融部门经营特点是什么?

(1)非正式金融部门针对的是农户、低收入家庭、小企业。办理业务时程序简单、直接,一般缺乏系统性、完整性,并体现当地文化与习俗,储蓄数额灵活。

(2)存款利率较正式金融高,有利于鼓励储蓄。贷款利率较高,存贷利率之间的关系弱。

(3)进行抵押借贷时,抵押品要求灵活。交易成本低,贷款偿还率较高。

(4)能够用各种渠道获得借贷人的相关信息,信息不对称程度较低。资金的潜在投资机会不多。

(5)可贷资金具有季节波动,没有政府的资助,储、贷机制根据季节性的贷款需求进行调整。

◆ 正式金融部门经营特点是什么？

（1）正式金融部门经营集中在满足其信贷条件的大客户。完备的行政管理程序，交易有完整、系统的书面记录，贷款审批时间长，交易成本较高。金融技术上倾向大储户，避免小储户。

（2）抵押品要求严格。有政府资助和其他资金来源，可贷资金较为充裕，贷款偿还率较低。存款利率较低，通常有利率高限。贷款利率较低，存贷利率之间的关系紧密。

（3）缺乏有效渠道获得借贷人的相关信息，信息不对称程度较高。资金的潜在投资机会多。

（4）资金借贷不受时间影响，但受制于违约率。

（5）不能充分动员农村储蓄。

◆ 什么样的机构可被称为农村合作金融机构？

合作金融机构一般在国外属于民间性的金融机构，由各个社员投资组建，带有互助合作的性质，资金的用途主要用于满足社员内部的资金需求，其内部的管理机制采用一人一票的民主管理制度。合作金融的经营者由选举产生，其经营目标不是利润最大化，而是社员资金需求的满足。

我国上世纪中叶由于农业集体化和人民公社化的需要，逐步地将农村合作金融的性质转变为准国家性（准政府性）的金融机构，国家行政性干预力量逐步增强。在农村信用社中，社员的权利普遍受到忽视，民主管理制度形同虚设，各级政府的介入过多，农村信用社承担的行政性和政策性义务过多。

目前，由于农村经济结构的变化，农村合作金融的商业化倾向开始出现并得到加强，农村信用社日益成为农村金融剩余的输出机构而不是农村经济发展的"加油站"。商业化倾向导致合作金融投向农业的生产性融资呈下降趋势，而更倾向于向利润丰厚的企业融资，农户的资金需求难以满足。农村合作金融改革的步伐需要加快。

◆ 什么是农村信用合作社？

农村信用合作社是指经中国人民银行批准设立，由社员入股组成，实行民主管理，主要为社员提供金融服务的农村合作金融机构。

农村信用合作社是独立的企业法人，以其全部资产对农村信用合作社的债务承担责任，依法享有民事权利。其财产、合法权益和依法开展的业务活动受国家法律保护。

农村信用合作社是银行类金融机构。所谓银行类金融机构又叫做存款机构和存款货币银行，其共同特征是以吸收存款为主要负债，以发放贷款为主要资产，以办理转账结算为主要中间业务，直接参与存款货币的创造过程。

农村信用合作社又是信用合作机构。所谓信用合作机构是由个人集资联合组成的以互助为主要宗旨的合作金融机构，简称"信用社"，以互助、自助为目的，在社员中开展存款、放款业务。

信用社的建立与自然经济、小商品经济发展直接相关。由于农业生产者和小商品生产者对资金需要存在季节性、零散、小数额、小规模的特点，使得小生产者和农民很难得到银行贷款的支持，但客观上生产和流通的发展又必须解决资本不足的困难，于是就出现了这种以缴纳股金和存款方式建立的互助、自助的信用组织。

◆ **农村信用合作社有哪些主要特点？**

农村信用合作社作为银行类金融机构有其自身的特点，主要表现在：

（1）农民和农村的个人集资联合组成，以互助为主要宗旨，其业务经营是在民主选举基础上由社员指定人员管理经营，并对社员负责。其最高权力机构是社员代表大会，负责具体事务的管理和业务经营的执行机构是理事会。

（2）主要资金来源是合作社成员缴纳的股金、留存的公积金和吸收的存款；贷款主要用于解决其成员的资金需求。起初主要发放短期生产生活贷款和消费贷款，后随着经济发展，渐渐扩宽放款渠道，现在和商业银行贷款没有区别。

（3）由于业务对象是合作社成员，因此业务手续简便灵活。农村信用合作社的主要任务是：依照国家法律和金融政策的规定，组织和调节农村基金，支持农业生产和农村综合发展，支持各种形式的合作经济和社员家庭经济，限制和打击高利贷。

◆ 农村信用合作社存在着哪些问题？

（1）业务过于单一，信贷结构调整滞后于新农村建设。农村信用合作社主要为农户服务，传统的农户贷款主要用于购买种子、农药、化肥等农业生产资料，一般金额不大。随着农村工商业的迅猛发展和产业化、市场化程度提高，农村经济对金融服务的要求趋向多样化。而随着新农村建设进程的加快，大部分农户贷款不再是传统意义上的纯农户贷款，而逐步转化为个体、私营企业贷款。但农村信用合作社信贷结构的调整没有及时跟上，新增贷款缺乏新意，业务过于单一，存量贷款调整困难，在一定程度上限制了农村经济的发展，极大地影响了当前新农村建设。

（2）资金实力不强。农村经济发展中对资金的需求不仅在结构上发生了很大的变化，在数量上也有了很大的不同。目前，农村经济的发展，特别是种养大户对资金的需求，已不是农村信用合作社的小额贷款可以解决的问题。农村信用合作社的资金实力较薄弱，满足日益增长的大量资金的需求，对农村信用合作社而言，需要解决的问题依然很多。

（3）农村信用合作社经营中非农化的倾向依然严重。由于农村信用合作社需自负盈亏，经营中带有较强的"商业化"倾向，资金大量流向相对收益率较高的城镇或非农部门，真正需要农村信用合作社贷款的农户或个体经营户常常难以得到贷款和其他金融服务。

（4）农村金融服务体系不健全，结算渠道不畅。农村信用合作社的业务主要集中在传统的存贷款、收付结算等方面，目前没有加入全国联网，不能为外出打工人员和前来经商的客户汇划资金提供安全、便捷、高效的支付结算服务。

（5）农村信贷风险缺乏保障机制，影响信贷投入。农村信用合作社支持"三农"经济发展承担着较大的风险，缺乏相应的担保中介机构，农业项目和涉及农业贷款担保抵押难。农业发展项目受自然条件和政策因素影响较大，具有相当程度的不确定性。而农业保险占市场份额小，对农业的支持保障能力相对较弱，根本无法满足农业发展的需要，影响了金融对农业的信贷投入。

◆ **最新一轮的农村信用社改革有什么特点？**

与前几次农村信用社改革不同，最新一轮改革不再强调合作制，而是强调要按照企业改革成功的模式，按照股份制和股份合作制的方式来改革农村信用社，注重农村信用社资本充足率等问题。

在这次改革中，国家决定出资1650亿资金来化解农村信用社的历史包袱，但这些资金是以可兑票据的形式分发到各地农村信用社的。中央银行对农村信用社票据支持是一种期权，有一定的兑付原则，农村信用社改革必须要达到如下的一些标准，即产权明晰、资本金到位、治理结构完善，达到规定的资本充足率，之后中央银行才对其予以兑付票据。

中国人民银行发布的2004年第三季度货币政策执行报告显示：截至2004年8月末，共583个试点县（市）农村信用社被批准认购中央银行专项票据346亿元。

◆ **什么样的银行称为农村商业银行？**

农村商业银行是由辖内农民、农村工商户、企业法人和其他经济组织共同入股组成的股份制的地方性金融机构。主要任务是为当地农民、农业和农村经济发展提供金融服务，促进城乡经济协调发展。农村商业银行主要以农村信用社和农村信用社县（市）联社为基础组建。

农村商业银行以效益性、安全性、流动性为经营原则，实行自主经营，自担风险，自负盈亏，自我约束。在经济比较发达、城乡一体化程度较高的地区，"三农"的概念已经发生很大的变化，农业比重很低，有些只占5%以下，作为信用社服务对象的农民，虽然身份没有变化，但大都已不再从事以传统种养耕作为主的农业生产和劳动，对支农服务的要求较少，信用社实际也已经实行商业化经营。对这些地区的信用社，可以实行股份制改造，组建农村商业银行。

◆ **农村商业银行对股东是如何规定的？**

农村商业银行是独立的企业法人，享有由股东投资形成的全部法人财产权，依法享有民事权利，并以全部法人资产独立承担民事责任。农村商业银行的股东以其所持股份享有所有者的资产受益、参与重大决策和选择管理者等权利，并以所持股份为限对农村商业银行的债务承担责任。

值得注意的是，农村商业银行不得向股东发放信用贷款，发放担保贷款不得优于其他借款人同类贷款条件。

农村商业银行要将一定比例的贷款用于支持农民、农业和农村经济发展，具体比例由股东大会根据当地农村产业结构状况确定，并报当地省级银行监管机构备案。

◆ **什么样的银行称为农村合作银行？**

农村合作银行是由辖内农民、农村工商户、企业法人和其他经济组织入股组成的股份合作制社区性地方金融机构，主要任务是为农民、农业和农村经济发展提供金融服务。

农村合作银行大多以农村信用社和农村信用社县（市）联社为基础组建。农村合作银行在辖区内开展存贷款及其他金融业务，要重点面向入股农民，为当地农业和农村经济发展提供金融服务。农村合作银行要将一定比例的贷款用于支持农民、农业和农村经济发展，具体比例由当地银行监管机构根据当地农村产业结构状况确定。

◆ 农村合作银行对股东是如何规定的？

农村合作银行是独立的企业法人，享有由股东入股投资形成的全部法人财产权，依法享有民事权利，并以全部法人资产独立承担民事责任。农村合作银行的股东按其所持股份享有所有者的资产收益、参与重大决策和选择管理者等权利，并以所持股份为限对农村合作银行的债务承担责任。

农村合作银行不得向股东（农民股东除外）及关系人发放信用贷款，发放担保贷款不得优于其他借款人同类贷款条件。关系人指农村合作银行的董事（包括独立董事）、监事、管理人员、信贷业务人员及其近亲属以及这些人员投资或者担任高级管理职务的公司、企业和其他经济组织。

◆ 什么是农村资金互助社？

农村资金互助社是指经银行业监督管理机构批准，由乡（镇）、行政村农民和农村小企业自愿入股组成，为社员提供存款、贷款、结算等业务的社区互助性银行业金融机构。农村资金互助社实行社员民主管理，以服务社员为宗旨，谋求社员共同利益。

农村资金互助社是独立的企业法人，对由社员股金、积累及合法取得的其他资产所形成的法人财产，享有占有、使用、收益和处分的权利，并以上述财产对债务承担责任。

农村资金互助社以吸收社员存款、接受社会捐赠资金和向其他银行业金融机构融入资金作为资金来源。农村资金互助社的资金应主要用于发放社员贷款，满足社员贷款需求后确有富余的可存放其他银行业金融机构，也可购买国债和金融债券。农村资金互助社不得向非社员吸收存款、发放贷款及办理其他金融业务，不得以该社资产为其他单位或个人提供担保。

◆ 农村资金互助社可经营的业务有哪些？

经银行业监督管理机构批准，农村资金互助社可经营以下业务：

（1）办理社员存款、贷款和结算业务。

（2）买卖政府债券和金融债券。

（3）办理同业存放。

（4）办理代理业务。

（5）向其他银行业金融机构融入资金（符合审慎要求）。

（6）经银行业监督管理机构批准的其他业务。

◆ **农民向农村资金互助社入股应符合哪些条件？**

农民向农村资金互助社入股应符合以下条件：

（1）具有完全民事行为能力。

（2）户口所在地或经常居住地（本地有固定住所且居住满3年）在本社所在的乡（镇）或行政村内。

（3）入股资金为自有资金且来源合法，达到本章程规定的入股金额起点。

（4）诚实守信，声誉良好。

◆ **农村小企业向农村资金互助社入股需要什么条件？**

农村小企业向农村资金互助社入股应符合以下条件：

（1）注册地或主要营业场所在本社所在的乡（镇）或行政村内。

（2）具有良好的信用记录。

（3）上一年度盈利。

（4）年终分配后净资产达到全部资产的10%以上（合并会计报表口径）。

（5）入股资金为自有资金且来源合法，达到本章程规定的入股金额起点。

◆ **农村资金互助社的社员享有哪些权利？**

（1）参加社员大会，并享有表决权、选举权和被选举权，按照章程规定参加该社的民主管理。

（2）享受该社提供的各项服务。

（3）按照章程规定或者社员大会（社员代表大会）决议分享盈余。

（4）查阅该社的章程和社员大会（社员代表大会）、理事会、监事会的决议、财务会计报表及报告。

（5）向有关监督管理机构投诉和举报。

另外，农村资金互助社社员参加社员大会，享有一票基本表决权，出资额较大的社员可以享有附加表决权。但资金互助社的附加表决权总票数，不得超过该社社员基本表决权总票数的 20%。享有附加表决权的社员及其享有的附加表决权数，应当在每次社员大会召开时告知出席会议的社员。不能出席会议的社员（社员代表）可授权其他社员（社员代表）代为行使其表决权。授权应采取书面形式，并明确授权内容。

◆ 村镇银行指的是什么？

村镇银行是指经中国银行业监督管理委员会依据有关法律、法规批准，由境内外金融机构、境内非金融机构企业法人、境内自然人出资，在农村地区设立的主要为当地农民、农业和农村经济发展提供金融服务的银行业金融机构。

村镇银行是独立的企业法人，享有由股东投资形成的全部法人财产权，依法享有民事权利，并以全部法人财产独立承担民事责任。

村镇银行发放贷款应坚持小额、分散的原则，提高贷款覆盖面，防止贷款过度集中。对同一借款人的贷款余额不得超过资本净额的 5%；对单一集团企业客户的授信余额不得超过资本净额的 10%。

◆ 村镇银行股东设置有哪些要求？

村镇银行股东依法享有资产收益、参与重大决策和选择管理者等权利，并以其出资额或认购股份为限对村镇银行的债务承担责任。村镇银行最大股东或唯一股东必须是银行业金融机构。

最大银行业金融机构股东持股比例不得低于村镇银行股本总额的 20%，单个自然人股东及关联方持股比例不得超过村镇银行股本总额的 10%，单一非银行金融机构或单一非金融机构企业法人及其关联方持股比例不得超过村镇银行股本总额的 10%。任何单位或个人持有村镇银行股本总额 5% 以上的，应当事前报经银监分局或所在城市银监局审批。

◆ 村镇银行可经营哪些业务？

经银监分局或所在城市银监局批准，村镇银行可经营下列业务：吸收公众存款；发放短期、中期和长期贷款；办理国内结算；办理票据承兑与贴现；从事同业拆借；从事银行卡业务；代理发行、代理兑付、承销政府债券；代理收付款项及代理保险业务；经银行业监督管理机构批准的其他业务；村镇银行按照国家有关规定，可代理政策性银行、商业银行和保险公司、证券公司等金融机构的业务。

◆ **设立村镇银行应当具备哪些条件？**

（1）有符合规定的章程。

（2）发起人或出资人应符合规定的条件，且发起人或出资人中应至少有1家银行业金融机构。

（3）在县（市）设立的村镇银行，其注册资本不得低于300万元人民币；在乡（镇）设立的村镇银行，其注册资本不得低于100万元人民币。

（4）注册资本为实收货币资本，且由发起人或出资人一次性缴足。

（5）有符合任职资格条件的董事和高级管理人员。

（6）有具备相应专业知识和从业经验的工作人员。

（7）有必需的组织机构和管理制度。

（8）有符合要求的营业场所、安全防范措施和与业务有关的其他设施。

（9）中国银行业监督管理委员会规定的其他审慎性条件。

◆ **农村的贷款公司是干什么的？**

贷款公司是指经中国银行业监督管理委员会依据有关法律、法规批准，由境内商业银行或农村合作银行在农村地区设立的专门为县域农民、农业和农村经济发展提供贷款服务的非银行业金融机构。贷款公司是由境内商业银行或农村合作银行全额出资的有限责任公司。

贷款公司是独立的企业法人，享有由投资形成的全部法人财产权，依法享有民事权利，并以全部法人财产独立承担民事责任。贷款公司的投资人依法享有资产收益、重大决策和选择管理者等权利。

◆ **贷款公司可经营哪些业务？**

贷款公司以安全性、流动性、效益性为经营原则，自主经营，自担风险，自负盈亏，自我约束。贷款公司开展业务，必须坚持为农民、农业和农村经济发展服务的经营宗旨，贷款的投向主要用于支持农民、农业和农村经济发展。贷款公司不得吸收公众存款。

经银监分局或所在城市银监局批准，贷款公司可经营下列业务：

（1）办理各项贷款。
（2）办理票据贴现。
（3）办理资产转让。
（4）办理贷款项下的结算。
（5）经中国银行业监督管理委员会批准的其他资产业务。

◆ **设立贷款公司应当符合什么条件？**

贷款公司的名称由行政区划、字号、行业、组织形式依次组成，其中行政区划指县级行政区划的名称或地名，并且应符合下列条件：

（1）有符合规定的章程。
（2）注册资本不低于50万元人民币，为实收货币资本，由投资人一次足额缴纳。
（3）有具备任职专业知识和业务工作经验的高级管理人员。
（4）有具备相应专业知识和从业经验的工作人员。
（5）有必需的组织机构和管理制度。
（6）有符合要求的营业场所、安全防范措施和与业务有关的其他设施。
（7）中国银行业监督管理委员会规定的其他条件。

◆ **什么是小额贷款公司？**

小额贷款公司是由自然人、企业法人与其他社会组织投资设立，不吸收公众存款，经营小额贷款业务的有限责任公司或股份有限公司。

小额贷款公司是企业法人，有独立的法人财产，享有法人财产权，以全部财产对其债务承担民事责任。小额贷款公司股东依法享有资产收益、参与重大决策和选择管理者等权利，以其认缴的出资额或认购的股份为限对公司承担责任。

◆ **所谓的农村自由借贷指的是什么？**

自由借贷是指发生在亲戚、朋友、乡亲和邻里等数人网络之间的借贷关系。

中国传统社会是一个熟人和半熟人社会，在这个社会共同体中，个体之间在长期的共同生活中，建立起了相互信任的关系。熟人之间的借贷，一般说来数额较小，期限较短，借贷形式可分无契约的口头借贷和具体简单契约的信用借贷。其中,大部分为无契约的口头借贷,没有签订合同,这种行为只靠道德进行约束,而得不到法律的保障。不过即使是借贷双方订立了合同的简单契约信用借贷,其契约的要件往往不完备。

农村的自由借贷利率具有很大的灵活性,一般与信息的完备程度成正比,与借贷双方的了解程度和亲疏程度成反比。亲友之间的自由借贷,大部分具有非盈利性,当然也有小部分是营利性的,通常以消费性资金需求为目的。发生在非亲友之间的自由借贷,往往以盈利性为目的,金额也较大,主要用于生产投资,利率高于银行同档利率3~4倍,甚至更高。

◆ 什么叫互助借贷性质的合会?

互助借贷性质的合会即钱会,指各种形式的带有互助合作性的自发群众融资形式。自古以来,这种互助合作组织就在民间广为存在,一般以亲戚邻里关系为纽带,集储蓄与借贷于一体,而且种类繁多,各地称法不一。

其中,按收会和转会的期限分类,有"月会"、"季会"、"半年会"、"年会"等。但各地称法不同,如"季会"又称"四季会",或"四季花"等;月会又称"月月红",或"月子会"等。

按会员使用次序和方法分类,这种方法最为普遍,也最能反映钱会的运作方式和根本特征。按此分类,钱会又分为三种:一是"摇会",即按照抽签方式确定使用次序的钱会;二是"轮会",即按照事先固定使用次序的钱会;三是"标会",即按照投标方式决定使用次序的钱会。

除了上述方式外,钱会还有很多其他的分类方法,如以交纳会金的形态或以集会时的招待形式分类等。

◆ 合会的运行方式是怎样的?

合会的内部结构和运作方式,一般由若干人(会员)组成,相互约定每隔一段时间开会一次,每次聚集一定的资金(会额),交给会员中的一人使用,基本上不以盈利为目的。

这种形式的非正式金融组织将随着其会员数目的增加和相互之间了解程度的减少,盈利性功能逐渐突出,安全性不断下降。一旦会首或者会员出现欺诈逃逸,就导致支付链和信任链的断裂,发生大规模倒会风波,直至相互斗殴、寻仇,引发社会动荡。

因此，合会的性质决定了它融资范围的局限性。我国法律不承认、也不保护这种民间合会活动。

◆ **什么是私人钱庄和钱背？**

钱庄是指采取合伙制和股份制成立的，为借贷双方提供担保，以中小企业为放款对象的组织。钱背是指借贷成交的中介人，为借贷双方牵线搭桥，从中收取手续费和信息费。它们都是以盈利为目的的一种机构化和半机构化的私人资金中介组织。

中介人把资金供求双方联系到一起，是合约的见证人。在发生纠纷时，中介人一般以调停人的身份出现，一旦一方违约，中介人必须充当担保人的角色，有时自己必须要赔偿违约损失的一部分。由于中介人对于借贷双方的信用状况比较了解，部分地克服了他们之间的信息不对称问题。

在很多地方，钱庄是在合会的基础上发展起来的，与合会不同，钱庄在更大范围内吸收社会公众存款，资金交易规模较大。

◆ **什么是农村互助储金会？**

农村互助储金会最早是一种新型社会保障组织，后来成为农村合作基金会的雏形。在农村互助储金会推广的过程中，其业务范围由救灾、扶贫、治穷扩展到为兴办实业融资，逐渐向农村合作基金会靠拢。

◆ **农村合作基金会在我国的发展历程是什么样的？**

农村合作基金会始建于1985年，最初的宗旨是管好、用好原有的集体资金，但建立后就不可避免地从事存、贷等活动。农村合作基金会在组织储蓄方面是农业银行、信用社的强有力的竞争对手，在准备金、风险管理、纳税等方面游离于计划体制之外，经营混乱引发了局部的支付危机。为防范和化解金融风险，保持农村经济和社会的稳定，1996年国务院在《关于农村金融体制改革的决定》中明确提出要对农村合作基金会进行清理整

顿。1999年1月，国务院为规范金融市场，整顿金融秩序，宣布全国统一取缔农村合作基金会。

◆ **农村金融服务公司指的是什么?**

农村金融服务公司是农村合作基金会的一种较高级的形式。据调查，我国存在的名为金融服务社和农村服务公司的融资组织，实质上就是一种农村合作基金会。

◆ **什么叫民间集资?**

民间集资是在我国农村广泛存在的一种金融活动，是指农户或者企业未依照法律程序经有关部门批准，以发行股票、债券、彩票、投资基金或者其他债权凭证的方式，向社会公众筹集资金，并承诺在一定时间内以货币、实物及其他形式向出资人还本付息或给予回报的行为。

在农村地区，少数农户和有一定规模的乡镇企业，出于业务经营和企业发展的目的，存在大规模资金的需求。但是，它们的资金需求往往无法得到正式金融的安排，于是便出现了民间集资的情况。

民间集资具有资金总额较大、利率较高、期限较长的特点。但是由于风险大，而且被认为扰乱了农村金融秩序，一般受到政府的排斥和抑制。

◆ **农民如何与金融部门接触沟通?**

农村企业和农民要存钱、贷款和办理结算，都要与金融部门沟通和接触，办理金融业务。农民在与金融部门接触时，首先做到：

（1）选择好金融机构。在我国农村，和农民及农村企业业务往来较多、距农民较近的金融机构有中国农业银行和农村信用合作社。不管是农业银行还是农村信用合作社，都能为农民提供存款、贷款和结算的帮助，两家金融机构的信誉和服务质量都比较好，是农民可以信赖的金融机构。

中国农业银行业务种类较多，服务手段先进，特别是对农村企业来说，其能提供的服务更多、更快、更便利。

农村信用合作社经营灵活，农民办理联户担保贷款、小额社员信用贷款速度快且便利。农民和农村企业在办理存款、贷款和结算业务时，要谨防打着中国人民银行和农村信用合作社的幌子行骗和非法高息集资的行为，要认准经中国人民银行核准颁发的《经营金融业务许可证》和悬挂国家公布的存款利率牌,再行办理存款、贷款业务手续。

(2)慎重参与民间借贷和融资。民间借贷早已有之,是一种自发的、分散的信用活动,融资手续不严格、不完备,一般利率较高,是一种易于发生违约和纠纷,且风险较大的信用活动。

(3)随着社会主义市场经济的发展,中国农业银行和农村信用社的存款、贷款业务品种也随之增多,农村企业和农民办理金融业务要及时向中国农业银行和农村信用合作社进行咨询,防止盲目投资,造成资金流失和延误生产。

(4)树立信用观念,按时还本付息。银行、农村信用合作社是经办货币信用业务的特殊企业,其资金是国家或集体的,资金流动才能产生效益,只有不断地流动才能更好地支持农村企业和农村经济的发展,支持更多的农民发家致富,促进农村经济的不断繁荣。农村企业和农民定要牢固树立信用观念,有借有还,按期归还贷款。

(5)农村干部和农民要掌握金融知识。现代社会已进入信用经济、知识经济的时代,没有金融知识要把企业办好,要想尽快致富,都是比较困难的。因此,不管是农村企业的厂长、经理,还是农民群众,都要努力学习一些金融知识,掌握国家金融的方针、政策,掌握中国农业银行和信用社有关的规章制度,熟悉办理存款、贷款、结算业务的程序,充分利用银行、农村信用合作社提供的信贷资金和金融服务发展农业生产和农村经济。

(6)运用法律维护正当权益。国家颁布的《贷款通则》、《担保法》、《票据法》、《合同法》等金融法律法规,不仅维护金融机构的正当权益,也维护贷款人的正当权益。我们最好掌握其中重要的条文。

六、储蓄与贷款

◆ **存款包括哪三种类型?**

（1）活期存款。指那些可以由客户随时存取的存款。这种存款，支用时必须使用银行规定的支票，因而又有支票存款之称。人民币活期存款1元起存。

（2）定期存款。指那些具有确定的到期期限才准提取的存款。对定期存款，银行一般向存户开具存单，也有采用存折形式。由于定期存款期限到期前一般不能提取，所以银行给予较高的利息。

（3）储蓄存款是针对居民个人的货币积蓄而开办的一种存款业务。这种存款通常由银行发给存户存折，一般不能据此签发支票。储蓄存款的存户通常限于个人和非盈利组织。

◆ **活期存款怎样办理?**

（1）开户。客户若办理活期存款开户，需持本人有效身份证件到营业网点办理。有效身份证件包括：①居住在境内的中国公民，为居民身份证、临时居民身份证、户口簿、护照；②居住在境内的16周岁以下的中国公民，为居民身份证、临时居民身份证、户口簿；③中国人民解放军军人，为军人身份证件；中国人民武装警察，为武装警察身份证件；军队（武装警察离退休干部，为离休干部荣誉证、军官退休证、文职干部退休证；在解放军军事学院学习的现役军人，为军事院校学员证。

（2）存款。持银行发行的各类银行卡或存折到营业网点即可办理存款。如果能提供本人或他人的卡号或存折号，也可办理无卡（折）存款。

（3）取款。持银行卡或存折到营业网点即可办理取款，如果取款金额超过5万元，需要提前一天与取款网点预约。若持银行卡在ATM上取款，一次性支取的最高限额为5000元。

◆ **整存整取定期储蓄存款怎样办理**？

整存整取定期储蓄存款的开户、到期支付手续与活期存款手续基本相同，只是填写的存款凭条是"整存整取定期储蓄存款凭条"。其不同的是：定期储蓄存款过期支取，过期时间只能按活期储蓄存款利率支付利息。定期储蓄存款未到期提前支取时，必须提供本人有效证件，如身份证或户口簿，如不能提供时，可在村民委员会或工作单位开具证明，方可提前支取，否则银行或农村信用社将不予办理。

◆ **零存整取定期储蓄存款怎样办理**？

零存整取定期储蓄存款的开户、续存、到期支取和提前支取手续与活期储蓄和整存整取定期储蓄存款的办理基本相同，只不过存款、取款时要填写"零存整取定期储蓄存款凭条"，每月必须存一次，且每月存款金额必须一样。如果有一个月漏存了，下个月可以补存。如果漏存隔了月则不可补存，到期按实际存款金额和实际存款计算利息。

◆ **你知道什么是教育储蓄吗**？

教育储蓄是指个人按国家有关规定在指定银行开户、存入规定数额资金、用于教育目的的专项储蓄，是一种专门为学生支付非义务教育所需教育金的专项储蓄。教育储蓄采用实名制，开户时，储户要持本人（学生）户口簿或身份证，到银行以储户本人（学生）的姓名开立

教育储蓄有利于贫困学生完成学业。

存款账户。到期支取时，储户需凭存折及有关证明一次支取本息。

◆ 教育储蓄开户、存款时应注意哪些事项？

开户时须凭客户本人（学生）户口簿或居民身份证到储蓄机构以客户本人的姓名开立存款账户，金融机构根据客户提供的上述证明，登记证件名称及号码。开户对象为在校小学四年级（不含四年级）以上学生。并且开户时客户须与银行约定每次固定存入的金额，分次存入，中途如有漏存，应在次月补齐，未补存者按零存整取定期储蓄存款的有关规定办理。

◆ 支取教育储蓄有哪几种情况？

（1）到期支取。客户凭存折、身份证和户口簿（户籍证明）和学校提供的正在接受非义务教育的学生身份证明，一次支取本金和利息，每份"证明"只享受一次利息税优惠。客户如不能提供"证明"的，其教育储蓄不享受利息税优惠，即一年期、三年期按开户日同期同档次零存整取定期储蓄存款利率计付利息；六年期按开户日五年期零存整取定期储蓄存款利率计付利息。同时，应按有关规定征收储蓄存款利息所得税。

（2）提前支取。教育储蓄提前支取时必须全额支取。提前支取时，客户能提供"证明"的，按实际存期和开户日同期同档次整存整取定期储蓄存款利率计付利息，并免征储蓄存款利息所得税；客户未能提供"证明"的，按实际存期和支取日活期储蓄存款利率计付利息，并按有关规定征收储蓄存款利息所得税。

（3）逾期支取。教育储蓄超过原定存期部分（逾期部分），按支取日活期储蓄存款利率计付利息，并按有关规定征收储蓄存款利息所得税。

◆ 存折（单）丢失后怎样办理手续？

首先，储户要主动提供本人的身份证件或单位证明，说明存款的时间、户名、金额、种类和账号等有关情况。经银行核对证件无误，并查明该笔存款确未支付，方由储户填写挂失申请书。加盖单位公章和本人私章声明挂失支付。凭印鉴支取者，还必须在挂失申请书上加盖原留印鉴。挂失申请书一式两份，其中一份由储户保存，3天后，俟银行查证属实，凭此领取新的存单、存折。储户因特殊情况，暂不能填写挂失申请书，只能口头挂失或函电挂失的，只限在当日或次日有效。

储户在挂失 3 天内，如无任何人到银行支取这笔存款，也没有人申请对这笔存款的权利，银行将及时通知储户持挂失申请书办理补发新的存单、存折手续。

如查在挂失前存款已被人取走，银行对此不负责任。不记名的存单、存折，银行不办理挂失。

◆ **储蓄存款继承、过户的手续怎样办理？**

根据《商业银行法》和《关于查询、停止支付和没收个人在银行的存款以及存款人死亡后的存款过户或支付手续的联合通知》，储蓄存款人死亡后办理存款的过户和支取应该遵循以下规定：

（1）存款人死亡后，合法继承人为证明自己的身份和提取该项存款，应向储蓄机构所在地的公证处（未设公证处的地方向县、市人民法院）申办继承权证明书，该项存款的继承权发生争执时，由人民法院判处。储蓄机构凭继承权证明书、人民法院的判决书、裁定书或调解书办理过户和支付手续。

（2）存款人已死亡，但存单持有人没有向储蓄机构申明遗产继承过程，也没有持存款所在地法院判决书，直接去储蓄机构支取或转存存款人生前的存款，储蓄机构都视为正常支取或转存，事后引起的存款继承争执，储蓄机构不负责任。

（3）在国外的华侨和港澳同胞等在国内储蓄机构的存款或委托银行代为保管的存款，原存款人死亡，其合法继承人在国内者，凭原存款人的死亡证明向储蓄机构所在地的公证机构申请继承证明书，储蓄机构凭此办理存款的过户和支付手续。

（4）在我国定居的外国公民（包括无国籍）存入我国储蓄机构的存款，其存款过户手续按与我国公民存款相同办理。与我国订有双边领事协定的外国侨民应按协定具体规定办理。

（5）继承人在国外，可凭存款人的死亡证明和经我驻该国使、领馆认证的亲属证明，向我国公正机关申请办理继承权证明书，储蓄机构凭此办理存款过户支取手续。

（6）存款人死亡后，无法定继承人又无遗嘱的，经当地公证机关证明，按财政部门规定，属全民所有制企业事业单位、国家机关、群众团体的职工，其存款上缴国库收归国家所有。属集体所有制企业事业单位的职工，其存款可转归集体所有。此项上缴国库或转归集体所有的存款都不计利息。

◆ 选择存款种类时有哪些常识？

（1）活期储蓄存款，随存随取，灵活方便。适用于个人日常生活中暂时不用和其他短期待用资金的存储。

（2）整存整取定期储蓄存款，数字明确，利于计划实施。适宜于个人较长时间闲置节余资金的存储。如买农机具、供子女上学、攒钱建房、子女结婚、防病养老等。

（3）零存整取定期储蓄存款，集腋成裘，积零为整。适宜于农村中多数在外打工的中青年人，每月有较为固定的收入来源者采用。

（4）整存零取定期储蓄存款，收入稳定，细水长流。适合于拥有一笔可观的收入节余而要养活家人，供子女上学、子女结婚、赡养老人的个人或家庭采用。

（5）存本取息定期储蓄存款，根基稳固，收入有续。特别适合于退休回农村有养老金和抚恤金的老人。他们可以定期得到一笔较为固定的利息收入，有利于安排好家庭生活。

（6）定活两便储蓄存款，灵活机动，收益颇丰。既有活期储蓄随时存取的灵活性，又有达到一定存期享受比活期储蓄高的利息。农业生产的季节性较强，致使农民收入波动大，用钱季节性也较强。还有一些日常收入一时难以把握准确用途，这样就可选择定活两便储蓄，既可在用钱时随时支取，又可在不用钱时获取较多的利息。

◆ 日常储蓄存取有哪些技巧？

我们大多数的普通人平日里有一点小小的积蓄，一部分用于投资，另一部分就存在银行里。现在银行的活期利率依然不高，有的人存定期又怕有急用，到底怎样存钱才合算呢？一样的存款额要获得尽量高的收益，存款的技巧很重要。

如果您想存活期或定活两便，那就不如存定期3个月，并约定自动转存。这种存法安全方便，利息又高。因为国家规定，定活两便存款支取时，利率按定期1年内同档次打6折计算。这样，定活两便存款即使存够一年，按一年利率2.25%（现行）打6折也只是1.35%，低于定期3个月的利率1.71%。

其次，您也可以选择存通知存款，通知存款有1天通知存款和7天通知存款两种，目前通知存款的年利率分别为0.81%和1.35%，大大高于活期存款0.36%的年利率，但通知存款的最低起存金额为5万元。

另外，您还可以选择存定活两便，定活两便储蓄是指存款时不确定存期，但又能随时支取，利率随存期长短而变动。3个月以上按档次定期整存整取利率打六折计息，但最长计息期限为1年。与活期存款相比，它的利率相对要高点。

◆ 怎样计算活期储蓄存款利息？

（1）积数计息法。积数计息是每次存款余额与其实际存期的乘积，积数相加之和再乘利息率即得利息。注意：积数分日积数和月积数，计息时日积数乘日利率，月积数乘月利率。

公式为：每次存款余额 × 存期 = 计息积数

计息积数和 × 日利率 = 应付利息。

（2）活期储蓄的结息。现行规定，个人活期存款按季结息，每季末月20日为结息日，按结息日挂牌活期储蓄存款利率计息。结算的利息并入本金起息。

◆ 怎样计算定期储蓄存款利息？

到期支取时，存款在原定期内，不论利率有无变化，如何变化，均按存单开户日挂牌公告利率计息，不分段计息。应付利息 = 本金 × 天数 × 月利率；逾期支取时，定期储蓄存款逾期部分利息 = 逾期本金 × 活期储蓄存款利率 × 逾期天数。应付利息 = 到期利息 + 逾期部分的利息；提前支取时，提前支取部分的应付利息 = 提前支取的本金 × 实存天数 × 支取日活期储蓄存款利率。

◆ 怎样计算定活两便储蓄存款利息？

存期不满3个月的利息 = 本金 × 实存天数 × 支取日活期储蓄存款利率。存期三个月以上的利息 = 本金 × 实存天数 × 相应档次整存整取定期储蓄存款利率 × 60‰。

◆ **怎样计算自动转存和约定转存的利息？**

（1）自动转存，是银行按储户要求，按原存款期限自动办理转期续存，所生利息并入本金，按转存日利息重新起息，不开新存单，待客户支取时，一并支付。转存后不足一个存期支取的，按照原存款逾期支取规定办理。

（2）约定转存，由客户和银行预约到期的转存方式，约定存期和转存金额。

◆ **储蓄存款如何避免利息损失？**

储户把钱存在银行或农村信用社，总想得到多点利息。在遇到急事需要提前支取，又不想想让辛辛苦苦攒到的利息飞走了。如何将利息损失减少到最小呢？下面介绍几种方法：

（1）选择适当的储蓄种类和储蓄期限。储蓄存款有许多种类，如活期存款、定期存款、存本取息存款、零存整取存款等等。在定期存款中，不同种类、不同期限的存款，其存款的利率是不同的。一般来说，期限越长利率越高。但是如果储户选择了利率较高的定期储蓄存款以后，遇有急事要提前支取，那么存款利息就会有所损失，因此在确定存款种类和期限时，要根据每个人的实际情况认真选择。

（2）办理部分提前支取。如果储户在办理了定期储蓄存款以后，遇有急事要动用存款，这时如果用款额小于定期储蓄额时，即可采用部分提取存款的方法，以减少利息损失。办理部分提取手续后，未提取部分仍可按原存单的存入日期、原利率、原到期日计算利息。

（3）办理存单质押贷款。储户在存入1年期以上的定期储蓄存款以后，如需全额提前支取定期存款，而用款日期较短或支取日至原存单到期日的时间已过，这时，储户可以用原存单作质押，办理小额贷款手续，这样既解决了资金急需，又大大减少了利息损失。

◆ **急需存款时，如何在提前支取与小额抵押贷款之中做出选择呢？**

在急需用款时，究竟是选择部分提前支取，还是选择小额抵押贷款呢？这要根据用款时间以及用款日离原存单到期日的时间来确定。一般来说，用款日期较短，例如只需用款几天或几个月，用款期离原存单到期日较近，起码存单的存期已经过半，通常可考虑以定期存款单作抵押借取资金。如果用款日期较长，或用款日离原存单到期日时间较长（存单的原定存期尚未过半），而需用款项小于原存单存款额时，可考虑采用部分提前支取的方式来满足临时急用资金的需求。

◆ **我国有关储蓄存款利息计算的规定是什么？**

储蓄存款利息计算的基本规定：各种储蓄存款以元为计息单位，元以下的角分不计利息。

储蓄存款的存期是从存入日算起，到支取日前一天止，存入日当天计息，支取的当天不计息，就是"算头不算尾"。利息的尾数计算至分位，分以下四舍五入。

各种定期储蓄存款，在原定的存期内，如遇利率调整，不论调高调低，均按开户日存单所定利率计算利息，不分段计息。活期储蓄存款，遇到利率调整，不分段计息，每个季度末月 20 日结息日以挂牌公布的利率计算利息，支取全部活期存款以支取日挂牌公告的活期存款利率计付利息。

各种定期储蓄存款，逾期支取或部分提前支取，都按支取日挂牌公告的活期存款利率计付利息（通知储蓄存款除外）。

◆ **储蓄存款利息所得应交纳的个人所得税（即利息税）是怎样规定的？**

从 2007 年 8 月 15 日起，我国的储蓄存款利息个人所得税税率从 20% 降低到 5%。储蓄存款孳生的利息所得，按照 5% 的税率征收个人所得税。2008 年 10 月 9 日起暂免征收利息税。

◆ **我国是如何对存款人进行保护的？**

商业银行办理个人储蓄存款业务，应当遵循存款自愿、取款自由、存款有息、为存款人保密的原则。

对个人储蓄存款，商业银行有权拒绝任何单位或者个人查询、冻结、扣划，但法律另有规定的除外。对单位存款，商业银行有权拒绝任何单位或者个人查询，但法律、行政法规另有规定的除外；有权拒绝任何单位或者个人冻结、扣划，但法律另有规定的除外。

商业银行应当按照中国人民银行规定的存款利率的上下限，确定存款利率，并予以公告。商业银行应当按照中国人民银行的规定，向中国人民银行交存存款准备金，留足备付金。商业银行应当保证存款本金和利息的支付，不得拖延、拒绝支付存款本金和利息。

◆ **商业银行的哪些行为必须向存款人承担责任？**

商业银行有下列情形之一，对存款人或者其他客户造成财产损害的，应当承担支付迟延履行的利息以及其他民事责任：

（1）无故拖延、拒绝支付存款本金和利息的。

（2）违反票据承兑等结算业务规定，不予兑现，不予收付入账，压单、压票或者违反规定退票的。

（3）非法查询、冻结、扣划个人储蓄存款或者单位存款的。

（4）违反法规规定对存款人或者其他客户造成损害的其他行为。

◆ **借款人的权利有哪些？**

（1）可以自主向主办银行或者其他银行的经办机构申请贷款并依条件取得贷款。

（2）有权按合同约定提取和使用全部贷款。

（3）有权拒绝借款合同以外的附加条件。

（4）有权向贷款人的上级和中国人民银行反映、举报有关情况。

（5）在征得贷款人同意后，有权向第三人转让债务。

◆ **我国的贷款原则有哪些？**

《中国人民银行贷款通则》规定商业银行应根据国民经济和社会发展的需要，在国家产业政策指导下开展贷款业务。

商业银行贷款应当对借款人的借款用途、偿还能力、还款方式等情况进行严格审查。应当实行审贷分离、分级审批的制度。

借款人应当提供担保。商业银行应当对保证人的偿还能力，抵押物、质物的权属和价值以及实现抵押权、质权的可行性进行严格审查。经商业银行审查、评估，确认借款人资信良好，确能偿还贷款的，可以不提供担保。

商业银行贷款，应当与借款人订立书面合同。合同应当约定贷款种类、借款用途、金额、利率、还款期限、还款方式、违约责任和双方认为需要约定的其他事项。

◆ 怎样选择贷款时机？

要做到这一点，就要了解银行贷款规模的编制、下达的大体时间。银行计划年度新增贷款规模，一般情况下总是上年年末前确定，当年年初下达，最迟不晚于计划年度的4月份。

为便于银行综合考虑，向开户银行提出贷款申请并报送有关材料，最迟不要晚于当年2月份。而且，农户应尽量与银行的工作安排相配合，将自己的用款安排意向告诉银行，便于银行对信贷资金及其规模做出安排。这样，农户在项目资金使用、安排方面支持了银行工作，其结果是换取银行更好地安排信贷资金和信贷规模，使农户受益。

◆ 贷款包括哪几种类型？

《中国人民银行贷款通则》规定贷款可分为自营贷款、委托贷款和特定贷款。

自营贷款，系指贷款人以合法方式筹集的资金自主发放的贷款，其风险由贷款人承担，并由贷款人收回本金和利息。

委托贷款，系指由政府部门、企事业单位及个人等委托人提供资金，由贷款人（即受托人）根据委托人确定的贷款对象、用途、金额、期限、利率等代为发放、监督使用并协助收回的贷款。贷款人（受托人）只收取手续费，不承担贷款风险。

特定贷款，系指经国务院批准并对贷款可能造成的损失采取相应补救措施后责成国有独资商业银行发放的贷款。

日常生活中，我们经常听到的信用贷款与担保贷款是从别的角度进行分类的。其中，担保贷款包括保证贷款、抵押贷款、质押贷款。

◆ 信用贷款是怎么一回事？

信用贷款指农村信用合作社仅凭借款人的信誉而无需抵押品或保证人担保发放的贷款。这种贷款手续简便，在办理借款手续时，只需借贷双方签订借款合同，而不需进行抵押品的估价、保管以及担保人的资信调查等手续。

但这种贷款由于没有保证人担保或抵押品抵押，借款人能否按时还款付息没有任何保证，所以这种贷款风险较大，容易蜕化为有问题的贷款。

因此，这种贷款一般只对农村信用合作社所熟悉和了解得并确信具有偿还能力，信誉极高的客户发放。

信用贷款一般利率比同期担保贷款的利率相对要高，且贷款数额有限制，对借款人的状况进行严格审查，并往往具有一定的附加条件，如要求借款人提供资产负债表、个人收支计划并说明借款用途等。这就使得农村信用合作社可以比较容易地从中了解借款人的财务状况并注意其经营发展，通过这些措施加强对借款人的监督和控制，以降低贷款风险。

人无信则不立，信用重于生命。

◆ 什么是银行信贷？

银行信贷是银行吸收存款、发放贷款等活动的统称（银行信贷的狭义概念专指银行贷款），它是以商业银行、储蓄贷款协会、信用合作社等金融机构为信用中介的金融活动的最主要形式。

所谓信用中介，是指在信用活动中由金融机构充当货币资金贷出者和借入者的集中代表，使借贷双方在不直接接触的情况下建立信用联系，完成融资。银行是各种信用中介机构中最主要的机构，银行信贷是最主要、最具代表性的信用中介活动。

在银行信贷中，银行不是简单地为资金贷出者和借入者牵线搭桥，促成借贷双方的资金交易，而是要介入到信用关系之中，通过自身充当债务人和债权人将资金由贷出者引向借入者。

银行在吸收存款时，向客户发行债务凭证（存款凭证），客户拥有了对银行的债权并得到支付利息的承诺，其实质是将自身贷出资金的权利卖给了银行。

银行将吸收存款得到的资金贷给借款人，拥有了对借款人的求偿权（贷款契约），其实质是为资金的贷出者（存款人）安排好了债权，并从中获取一定的收益。

可见，银行信贷中银行自身的债务债权角色是介入到资金借贷双方的债权债务关系之中的，银行不是真正的债务人和债权人，而是债权债务关系或信用关系的中介人。

◆ 生产费用贷款指的是什么？

生产费用贷款指农村信用合作社为解决农户或农村合作经济单位当年农业生产周转资金的暂时困难而发放的一种贷款。一般用于购买农药、化肥、种子和支付机耕费、水电费等生产费用。生产费用贷款属于短期流动资金贷款，这种贷款的期限应和一个农业生产周期相适应。

◆ 生产设备贷款指的是什么？

农村信用合作社为满足农业生产单位增加固定资产、改善生产条件、进行农田基本建设的资金需要而发放的贷款。主要用于购买耕作、排灌、加工、运输、畜牧、捕捞等机械设备，小型农田水利工程的兴建与配套。生产设备贷款属于中长期贷款，贷款的归还期限应与贷款投资项目的创利收益相联系。

◆ 流动资金贷款指的是什么？

农村信用合作社为满足农工商企业在生产流通过程中的流动资金需要而发放的贷款。主要有乡镇企业流动资金贷款、农村商业流动资金贷款、农业流动资金贷款和其他流动资金贷款。

乡镇企业流动资金贷款是信用社对乡镇的工业、交通等企业的合理流动资金需要而发放的贷款，用以满足季节性、临时性的资金需要。

商业流动资金贷款是为满足农村的商业企业在收购、销售、储存或提供服务过程中的流动资金需要而发放的贷款。

农业流动资金贷款是信用社为满足农户或集体所出现的临时资金需要而发放的贷款。

其他贷款主要包括科技兴农贷款、消费贷款、个体工商户贷款。科技兴农贷款是信用社为支持农村科研单位、农业企业、农户研究和推广新品种、新科技、新工艺、新材料而发放的贷款。消费贷款是信用社为满足农村居民生活消费的需要而发放的一种贷款。个体工商户贷款是信用社对经营过程中资金周转困难的个体经营者发放的贷款，贷款主要用于经营过程中所需要的流动资金，也可用于必备的设备、器具和营业设施的购置等。

◆ **多长时间的贷款称为短期贷款？有什么用途？**

短期流动资金贷款是贷款期限在1年以内（含1年）的流动性贷款，是为满足客户在生产经营过程中临时性、季节性的资金需求，保证生产经营活动的正常进行而发放的贷款。短期贷款是目前商业银行最主要的授信品种，具有笔数多、期限短、利率低、周转频繁等特点。

◆ **多长时间的贷款称为中长期贷款？**

中长期贷款又可称为项目贷款，是指商业银行发放的，用于借款人新建、扩建、改造、开发、购置等固定资产投资项目的贷款，房地产贷款也属于项目贷款范畴，但所执行的政策不同于项目贷款。中期贷款是在1年以上（不含1年），5年以下（含5年）的贷款；长期贷款是指贷款期限在5年以上（不含5年）的贷款。

◆ **中长期贷款有几种类型呢？**

（1）基本建设贷款。指用于经国家有关部门批准的基础设施、市政工程、服务设施和以外延扩大再生产为主的新建或扩建等基本建设而发放的贷款。

（2）技术改造贷款。指用于现有企业以内涵扩大再生产为主的技术改造项目而发放的贷款。

（3）并购贷款。针对境内优势客户在改制、改组过程中，有偿兼并、收购国内其他企事业法人、已建成项目及进行资产、债务重组中产生的融资需求而发放的贷款。并购贷款是一种特殊形式的项目贷款。

（4）房地产贷款。指包括法人房地产业务和个人住房消费贷款业务。这里只介绍法人房地产业务，其中包括商品房开发贷款、法人商业用房贷款、学生公寓建设贷款、建筑安装企业的设备投资贷款。

◆ **向商业银行贷款需要符合哪些要求？**

借款人应当是经工商行政管理机关（或主管机关）核准登记的企（事）业法人、其他经济组织、个体工商户或具有中华人民共和国国籍的具有完全民事行为能力的自然人。借款人申请贷款，应当具备产品有市场、生产经营有效益、不挤占挪用信贷资金、恪守信用等基本条件，并且应当符合以下要求：

（1）有按期还本付息的能力，原应付贷款利息和到期贷款已清偿；没有清偿的，已经做了贷款人认可的偿还计划。

（2）除自然人和不需要经工商部门核准登记的事业法人外，应当经过工商部门办理年检手续。

（3）已开立基本账户或一般存款账户。

（4）除国务院规定外，有限责任公司和股份有限公司对外股本权益性投资累计额未超过其净资产总额的50%。

（5）借款人的资产负债率符合贷款人的要求。

（6）申请中期、长期贷款的，新建项目的企业法人所有者权益与项目所需总投资的比例不低于国家规定的投资项目的资本金比例。

◆ **申请贷款的程序是怎样的？**

（1）贷款申请。借款人需要贷款，应当向主办银行或者其他银行的经办机构直接申请。借款人应当填写包括借款金额、借款用途、偿还能力及还款方式等主要内容的《借款申请书》并提供以下资料：借款人及保证人基本情况；财政部门或会计（审计）事务所核准的上年度财务报告，以及申请借款前一期的财务报告；原有不合理占用的贷款的纠正情况；抵押物、质物清单和有处分权人的同意抵押、质押的证明及保证人拟同意保证的有关证明文件；项目建议书和可行性报告；贷款人认为需要提供的其他有关资料。

（2）对借款人的信用等级进行评估。应当根据借款人的领导者素质、经济实力、资金结构、履约情况、经营效益和发展前景等因素，评定借款人的信用等级。评级可由贷款人独立进行，内部掌握，也可由有关部门批准的评估机构进行。

（3）贷款调查。贷款人受理借款人申请后，应当对借款人的信用等级以及借款的合法性、安全性、盈利性等情况进行调查，核实抵押物、质物、保证人情况，测定贷款的风险度。

（4）贷款审批。贷款人应当建立审贷分离、分级审批的贷款管理制度。审查人员应当对调查人员提供的资料进行核实、评定，复测贷款风险度，提出意见，按规定权限报批。

（5）贷款发放。贷款人要按借款合同规定按期发放贷款，贷款人不按合同约定按期发放贷款的，应偿付违约金。借款人不按合同约定用款的，应偿付违约金。

（6）贷后检查。贷款发放后，贷款人应当对借款人执行借款合同情况及借款人的经营情况进行追踪调查和检查。

（7）贷款归还。借款人应当按照借款合同规定按时足额归还贷款本息。贷款人在短期贷款到期1个星期之前、中长期贷款到期1个月之前，应当向借款人发送还本付息通知单；借款人应当及时筹备资金，按期还本付息。

贷款人对逾期的贷款要及时发出催收通知单，做好逾期贷款本息的催收工作。贷款人对不能按借款合同约定期限归还的贷款，应当按规定加罚利息；对不能归还或者不能落实还本付息事宜的，应当督促归还或者依法起诉。借款人提前归还贷款，应当与贷款人协商。

◆ 我国法律对借款人有哪些限制？

（1）不得在一个贷款人同一辖区内的两个或两个以上同级分支机构取得贷款。

（2）不得向贷款人提供虚假的或者隐瞒重要事实的资产负债表、损益表等。

（3）不得用贷款从事股本权益性投资，国家另有规定的除外。

（4）不得用贷款在有价证券、期货等方面从事投机经营。

（5）除依法取得经营房地产资格的借款人以外，不得用贷款经营房地产业务。依法取得经营房地产资格的借款人，不得用贷款从事房地产投机。

（6）不得套取贷款用于借贷牟取非法收入。

（7）不得违反国家外汇管理规定使用外币贷款。

（8）不得采取欺诈手段骗取贷款。

◆ **我国的贷款行有哪些义务？**

（1）应当公布所经营的贷款的种类、期限和利率，并向借款人提供咨询。

（2）应当公开贷款审查的资信内容和发放贷款的条件。

（3）贷款人应当审议借款人的借款申请，并及时答复贷与不贷。短期贷款答复时间不得超过1个月，中期、长期贷款答复时间不得超过6个月；国家另有规定者除外。

（4）应当对借款人的债务、财务、生产、经营情况保密，但对依法查询者除外。

◆ **我国法律对贷款人有哪些限制？**

（1）贷款的发放必须严格执行《中华人民共和国商业银行法》关于资产负债比例管理的有关规定，关于不得向关系人发放信用贷款、向关系人发放担保贷款的条件不得优于其他借款人同类贷款条件的规定。

（2）借款人有下列情形之一者，不得对其发放贷款：①不具备《中华人民共和国商业银行法》第四章第十七条所规定的资格和条件的；②生产、经营或投资国家明文禁止的产品、项目的；③违反国家外汇管理规定的；④建设项目按国家规定应当报有关部门批准而未取得批准文件的；⑤生产经营或投资项目未取得环境保护部门许可的；⑥在实行承包、租赁、联营、合并（兼并）、合作、分立、产权有偿转让、股份制改造等体制变更过程中，未清偿原有贷款债务、落实原有贷款债务或提供相应担保的。

（3）未经中国人民银行批准，不得对自然人发放外币币种的贷款。

（4）自营贷款和特定贷款，除按中国人民银行规定计收利息之外，不得收取其他任何费用；委托贷款，除按中国人民银行规定计收手续费之外,不得收取其他任何费用。

(5)不得给委托人垫付资金,国家另有规定的除外。

(6)严格控制信用贷款,积极推广担保贷款。

◆ **借款合同需要包含哪些内容?**

所有贷款应当由贷款人与借款人签订借款合同。借款合同应当约定借款种类,借款用途、金额、利率,借款期限,还款方式,借、贷双方的权利、义务,违约责任和双方认为需要约定的其他事项。

保证贷款应当由保证人与贷款人签订保证合同,或保证人在借款合同上载明与贷款人协商一致的保证条款,加盖保证人的法人公章,并由保证人的法定代表人或其授权代理人签署姓名。抵押贷款、质押贷款应当由抵押人、出质人与贷款人签订抵押合同、质押合同,需要办理登记的,应依法办理登记。

◆ **什么是农村互助担保?**

农村互助担保是由农户自愿组成的互助担保组织,在农户申请贷款时予以共同担保。我国农村少数互助担保组织采取互助担保协会和互助担保基金形式,大多数则采用联户担保形式。互助担保满足了需要的生产经营资金较多,却又缺乏担保品的农户的贷款需求。

◆ **保证贷款是什么样的贷款?**

保证贷款是按《担保法》规定,保证以第三人承诺在借款人不能偿还贷款时,按约定履行或者承担一般保证责任或者连带责任为前提而发放的贷款。其特点是当贷款到期如借款人不能偿还贷款时,由承诺保证人承担代偿责任,因其债权有借款人和担保人的双重信用保障,风险程度较低,但借款量要受担保人和借款人的经济能力大小的限制。

◆ **保证贷款中保证人需符合的条件有哪些?**

《中华人民共和国担保法》规定保证人的条件如下:

(1)具有代为清偿债务能力的法人、其他组织或者公民,可以作为保证人。

(2)国家机关不得作为保证人,但经国务院批准为使用外国政府或者国际经济组织贷款进行转贷的除外。

（3）学校、幼儿园、医院等以公益为目的的事业单位、社会团体不得作为保证人。

（4）企业法人的分支机构、职能部门不得作为保证人。同一债务有两个以上保证人的，保证人应当按照保证合同约定的保证份额，承担保证责任。没有约定保证份额的，保证人承担连带责任，债权人可以要求任何一个保证人承担全部保证责任，保证人都负有担保全部债权实现的义务。已经承担保证责任的保证人，有权向债务人追偿，或者要求承担连带责任的其他保证人清偿其应当承担的份额。

◆ **保证贷款的保证期间有哪些规定？**

一般保证的保证人与债权人未约定保证期间的，保证期间为主债务履行期届满之日起6个月。在合同约定的保证期间，债权人未对债务人提起诉讼或者申请仲裁的，保证人免除保证责任；债权人已提起诉讼或者申请仲裁的，保证期间适用诉讼时效中断的规定。

连带责任保证的保证人与债权人未约定保证期间的，债权人有权自主债务履行期届满之日起6个月内要求保证人承担保证责任。在合同约定的保证期间和前款规定的保证期间，债权人未要求保证人承担保证责任的，保证人免除保证责任。

保证人就连续发生的债权作保证，未约定保证期间的，保证人可以随时书面通知债权人终止保证合同，但保证人对于通知到债权人前所发生的债权，承担保证责任。

◆ **《中华人民共和国担保法》是如何规定保证合同的？**

保证人与债权人可以就单个主合同分别订立保证合同，也可以协议在最高债权额限度内就一定期间连续发生的借款合同或者某项商品交易合同订立一个保证合同。并且保证合同应当包括以下内容：被保证的主债权种类、数额；债务人履行债务的期限；保证的方式；保证担保的范围；保证的期间；双方认为需要约定的其他事项。债权人与债务人协议变更主合同的，应当取得保证人书面同意，未经保证人书面同意的，保证人不再承担保证责任。

◆ 保证担保的范围是怎样界定的?

保证担保的范围包括主债权及利息、违约金、损害赔偿金和实现债权的费用。保证合同另有约定的,按照约定。当事人对保证担保的范围没有约定或者约定不明确的,保证人应当对全部债务承担责任。

保证期间,债权人依法将主债权转让给第三人的,保证人在原保证担保的范围内继续承担保证责任。债权人许可债务人转让债务的,应当取得保证人书面同意,保证人对未经其同意转让的债务,不再承担保证责任。

同一债权既有保证又有物的担保的,保证人对物的担保以外的债权承担保证责任。债权人放弃物的担保的,保证人在债权人放弃权利的范围内免除保证责任。

企业法人的分支机构未经法人书面授权或者超出授权范围与债权人订立保证合同的,该合同无效或者超出授权范围的部分无效,债权人和企业法人有过错的,应当根据其过错各自承担相应的民事责任;债权人无过错的,由企业法人承担民事责任。

有下列情形之一的,保证人不承担民事责任:

(1)主合同当事人双方串通,骗取保证人提供保证的。

(2)主合同债权人采取欺诈、胁迫等手段,使保证人在违背真实意思的情况下提供保证的。

◆ 什么是抵押贷款?

抵押贷款是按《担保法》规定的抵押方式以借款人或第三人的财产(房屋、机器、交通运输工具等其他财产)作为抵押物发放的贷款。债务人或第三人不转移对抵押财产的占有,将该财产作为债权的担保。作为抵押的资产必须是能够在市场上出售的。

如果贷款到期债务人不履行债务时,债权人可取消抵押品的赎回权并处理抵押品,并有权依照规定以该财产折价或者以拍卖、变卖该财产的价款优先补偿贷款本息。抵押品资产的价值一般要求大于贷款金额。

当债权人由于借款人违约而处理其抵押品时，如果处理抵押品收入的金额超过贷款的本息和，超过部分应返还给借款人；反之，债权人可通过法律程序追索不足的款项、抵押贷款与信用贷款相比，风险程度要低得多。

◆ **抵押贷款可抵押的财产有哪些**？

抵押贷款可抵押的财产包括：

（1）抵押人所有的房屋和其他地上定着物。

（2）抵押人所有的机器、交通运输工具和其他财产。

（3）抵押人依法有权处分的国有的土地使用权、房屋和其他地上定着物。

（4）抵押人依法有权处分的国有的机器、交通运输工具和其他财产。

（5）抵押人依法承包并经发包方同意抵押的荒山、荒沟、荒丘、荒滩等荒地的土地使用权。

（6）依法可以抵押的其他财产。

通常情况下，抵押人所担保的债权不得超出其抵押物的价值。财产抵押后，该财产的价值大于所担保债权的余额部分，可以再次抵押，但不得超出其余额部分。以依法取得的国有土地上的房屋抵押的，该房屋占用范围内的国有土地使用权同时抵押。以出让方式取得的国有土地使用权抵押的，应当将抵押时该国有土地上的房屋同时抵押。乡（镇）、村企业的土地使用权不得单独抵押。以乡（镇）、村企业的厂房等建筑物抵押的，其占用范围内的土地使用权同时抵押。

◆ **哪些财产不得抵押**？

（1）土地所有权。

（2）耕地、宅基地、自留地、自留山等集体所有的土地使用权。

（3）学校、幼儿园、医院等以公益为目的的事业单位、社会团体的教育设施、医疗卫生设施和其他社会公益设施。

（4）所有权、使用权不明或者有争议的财产。

（5）依法被查封、扣押、监管的财产。

◆ **去哪些部门进行抵押物登记？**

办理抵押物登记的部门如下：

（1）以无地上定着物的土地使用权抵押的，为核发土地使用权证书的土地管理部门。

（2）以城市房地产或者乡（镇）、村企业的厂房等建筑物抵押的，为县级以上地方人民政府规定的部门。

（3）以林木抵押的，为县级以上林木主管部门。

（4）以航空器、船舶、车辆抵押的，为运输工具的登记部门。

（5）以企业的设备和其他动产抵押的，为财产所在地的工商行政管理部门。

◆ **抵押的效力是怎样的？**

抵押担保的范围包括主债权及利息、违约金、损害赔偿金和实现抵押权的费用。债务履行期届满，债务人不履行债务致使抵押物被人民法院依法扣押的，自扣押之日起抵押权人有权收取由抵押物分离的天然孳息以及抵押人就抵押物可以收取的法定孳息。抵押权人未将扣押抵押物的事实通知应当清偿法定孳息的义务人的，抵押权的效力不及于该孳息，孳息应当先充抵收取孳息的费用。

抵押人将已出租的财产抵押的，应当书面告知承租人，原租赁合同继续有效。

抵押期间，抵押人转让已办理登记的抵押物的，应当通知抵押权人并告知受让人转让物已经抵押的情况；抵押人未通知抵押权人或者未告知受让人的，转让行为无效。转让抵押物的价款明显低于其价值的，抵押权人可以要求抵押人提供相应的担保；抵押人不提供的，不得转让抵押物。抵押人转让抵押物所得的价款，应当向抵押权人提前清偿所担保的债权或者向与抵押权人约定的第三人提存。超过债权数额的部分，归抵押人所有，不足部分由债务人清偿。

抵押权不得与债权分离单独转让或者作为其他债权的担保。抵押权与其担保的债权同时存在，债权消灭的，抵押权也消灭。

抵押人的行为足以使抵押物价值减少的，抵押权人有权要求抵押人停止其行为。抵押物价值减少时，抵押权人有权要求抵押人恢复抵押物的价值，或者提供与减少的价值相当的担保。抵押人对抵押物价值减少无过错的，抵押权人只能在抵押人因损害而得到的赔偿范围内要求提供担保。抵押物价值未减少的部分，仍作为债权的担保。

◆ 清偿抵押时应注意哪些问题？

债务履行期届满抵押权人未受清偿的，可以与抵押人协议以抵押物折价或者以拍卖、变卖该抵押物所得的价款受偿；协议不成的，抵押权人可以向人民法院提起诉讼。抵押物折价或者拍卖、变卖后，其价款超过债权数额的部分归抵押人所有，不足部分由债务人清偿。

同一财产向两个以上债权人抵押的，拍卖、变卖抵押物所得的价款按照以下规定清偿：

（1）抵押合同已登记生效的，按照抵押物登记的先后顺序清偿；顺序相同的，按照债权比例清偿。

（2）抵押合同自签订之日起生效的，该抵押物已登记的，按照以上规定清偿；未登记的，按照合同生效时间的先后顺序清偿，顺序相同的，按照债权比例清偿。抵押物已登记的先于未登记的受偿。

为债务人抵押担保的第三人，在抵押权人实现抵押权后，有权向债务人追偿。

抵押权因抵押物灭失而消灭，因灭失所得的赔偿金应当作为抵押财产。

◆ 土地作为抵押物清偿时有哪些规定？

城市房地产抵押合同签订后，土地上新增的房屋不属于抵押物。需要拍卖该抵押的房地产时，可以依法将该土地上新增的房屋与抵押物一同拍卖，但对拍卖新增房屋所得，抵押权人无权优先受偿。以承包的荒地的土地使用权抵押的，或者以乡（镇）、村企业的厂房等建筑物占用范围内的土地使用权抵押的，在实现抵押权后，未经法定程序不得改变土地集体所有和土地用途。

拍卖划拨的国有土地使用权所得的价款，在依法缴纳相当于应缴纳的土地使用权出让金的款额后，抵押权人有优先受偿权。

◆ **什么是最高额抵押？**

最高额抵押是指抵押人与抵押权人协议，在最高债权额限度内，以抵押物对一定期间内连续发生的债作担保。最高额抵押的主合同债权不得转让。

借款合同可以附最高额抵押合同。债权人与债务人就某项商品在一定期间内连续发生交易而签订的合同，可以附最高额抵押合同。

◆ **什么是动产质押贷款？**

动产质押贷款指按《担保法》规定的抵押方式以借款人或第三人的动产或权利作为质押物发放的贷款。质押贷款的质物须移交债权人占有，当债权人不履行债务时，债权人有权以该质物折价或以拍卖、变卖该质物的价款优先偿还贷款。质押担保的范围包括主债权及利息、违约金、损害赔偿金、质物保管费用和实现质权的费用。

◆ **动产质押合同包含哪些内容？**

出质人和质权人应当以书面形式订立质押合同。质押合同自质物移交于质权人占有时生效。质押合同应当包括以下内容：

（1）被担保的主债权种类、数额。
（2）债务人履行债务的期限。
（3）质物的名称、数量、质量、状况。
（4）质押担保的范围。
（5）质物移交的时间。
（6）当事人认为需要约定的其他事项。

出质人和质权人在合同中不得约定在债务履行期届满质权人未受清偿时，质物的所有权转移为质权人所有。

◆ **动产质押贷款中质权人有哪些权利与义务？**

质权人有权收取质物所生的孳息，但孳息应当先充抵收取孳息的费用。质权人负有妥善保管质物的义务。因保管不善致使质物灭失或者毁损的，质权人应当承担民事责任。质权人不能妥善保管质物可能致使其灭失或者毁损的，出质人可以要求质权人将质物提存，或者要求提前清偿债权而返还质物。

质物有损坏或者价值明显减少的可能，足以危害质权人权利的，质权人可以要求出质人提供相应的担保。出质人不提供的，质权人可以拍卖或者变卖质物，并与出质人协议将拍卖或者变卖所得的价款用于提前清偿所担保的债权或者向与出质人约定的第三人提存。

◆ **清偿质权时需要注意哪些问题？**

债务履行期届满债务人履行债务的，或者出质人提前清偿所担保的债权的，质权人应当返还质物。债务履行期届满质权人未受清偿的，可以与出质人协议以质物折价，也可以依法拍卖、变卖质物。质物折价或者拍卖、变卖后，其价款超过债权数额的部分归出质人所有，不足部分由债务人清偿。

为债务人质押担保的第三人，在质权人实现质权后，有权向债务人追偿。

质权因质物灭失而消灭。因灭失所得的赔偿金，应当作为出质财产。质权与其担保的债权同时存在，债权消灭的，质权也消灭。

◆ **哪些权利可以质押以及注意事项是什么？**

下列权利可以质押：

（1）汇票、支票、本票、债券、存款单、仓单、提单。
（2）依法可以转让的股份、股票。
（3）依法可以转让的商标专用权、专利权、著作权中的财产权。
（4）依法可以质押的其他权利。

权利出质后，出质人不得转让或者许可他人使用，但经出质人与质权人协商同意的可以转让或者许可他人使用。出质人所得的转让费、许可费应当向质权人提前清偿所担保的债权或者向与质权人约定的第三人提存。

◆ **以商业票据作质押时应注意哪些问题？**

以汇票、支票、本票、债券、存款单、仓单、提单出质的，应当在合同约定的期限内将权利凭证交付质权人。质押合同自权利凭证交付之日起生效。以载明兑现或者提货日期的汇票、支票、本票、债券、存款单、仓单、提单出质的，汇票、支票、本票、债券、存款单、仓单、提单兑现或者提货日期先于债务履行期的，质权人可以在债务履行期届满前兑现或者提货，并与出质人协议将兑现的价款或者提取的货物用于提前清偿所担保的债权或者向与出质人约定的第三人提存。

◆ **以股票作质押时应注意哪些问题？**

以依法可以转让的股票出质的，出质人与质权人应当订立书面合同，并向证券登记机构办理出质登记。质押合同自登记之日起生效。股票出质后，不得转让，但经出质人与质权人协商同意的可以转让。出质人转让股票所得的价款应当向质权人提前清偿所担保的债权或者向与质权人约定的第三人提存。

以有限责任公司的股份出质的，适用公司法股份转让的有关规定。质押合同自股份出质记载于股东名册之日起生效。

◆ **以可转让的商标专用权、专利权、著作权中的财产权作质押时应注意哪些问题？**

以依法可以转让的商标专用权、专利权、著作权中的财产权出质的，出质人与质权人应当订立书面合同，并向其管理部门办理出质登记。质押合同自登记之日起生效。

◆ **担保贷款中的定金指的是什么？**

当事人可以约定一方向对方给付定金作为债权的担保。债务人履行债务后，定金应当抵作价款或者收回。给付定金的一方不履行约定的债务的，无权要求返还定金；收受定金的一方不履行约定的债务的，应当双倍返还定金。定金应当以书面形式约定。当事人在定金合同中应当约定交付定金的期限。定金合同从实际交付定金之日起生效。定金的数额由当事人约定，但不得超过主合同标的额的20%。

◆ **农村小额贷款对象有哪些？**

2007年6月银监会发布《中国银监会关于银行业金融机构大力发展农

村小额贷款业务的指导意见》，该文件做出放宽小额贷款对象的规定："进一步拓宽小额贷款投放的广度，在支持家庭传统耕作农户和养殖户的基础上，将服务对象扩大到农村多种经营户、个体工商户以及农村各类微小企业，具体包括种养大户、订单农业户、进城务工经商户、小型加工户、运输户、农产品流通户和其他与'三农'有关的城乡个体经营户。"

◆ **农村小额贷款用途有哪些？**

《中国银监会关于银行业金融机构大力发展农村小额贷款业务的指导意见》指出要拓展小额贷款用途。"根据当地农村经济发展情况，拓宽农村小额贷款用途，既要支持传统农业，也要支持现代农业；既要支持单一农业，也要支持有利于提高农民收入的各产业；既要满足农业生产费用融资需求，也要满足农产品生产、加工、运输、流通等各个环节融资需求；既要满足农民简单日常消费需求，也要满足农民购置高档耐用消费品、建房或购房、治病、子女上学等各种合理消费需求；既要满足农民在本土的生产贷款需求，也要满足农民外出务工、自主创业、职业技术培训等创业贷款需求。"

◆ **农村小额贷款的额度是多少？**

《中国银监会关于银行业金融机构大力发展农村小额贷款业务的指导意见》提出提高小额贷款额度的规定。地方银监会与相关银行可根据当地农村经济发展水平以及借款人生产经营状况、偿债能力、收入水平和信用状况，因地制宜地确定农村小额贷款额度。

一般来说，对农村小额信用贷款额度，发达地区为10万~30万元，欠发达地区为1万~5万元，其他地区在此范围内视情况上下浮动；联保贷款额度根据借款人实际风险状况，可在信用贷款额度基础上提高。对个别生产规模大、经营效益佳、信用记录好、资金需求量大的农户和农村小企业，在报经上级管理部门备案后可适当调高贷款额度。

◆ **农村小额贷款期限是多长？**

《中国银监会关于银行业金融机构大力发展农村小额贷款业务的指导意见》中有如下规定：

（1）合理确定小额贷款期限。根据当地农业生产的季节特点、贷款项目生产周期和综合还款能力等，灵活确定小额贷款期限。

（2）禁止人为缩短贷款期限，坚决打破"春放秋收冬不贷"和不科学的贷款不跨年的传统做法。允许传统农业生产的小额贷款跨年度使用，要充分考虑借款人的实际需要和灾害等带来的客观影响，个别贷款期限可视情况延长。对用于温室种养、林果种植、茶园改造、特种水产（畜）养殖等生产经营周期较长或灾害修复期较长的贷款，期限可延长至3年。

（3）消费贷款的期限可根据消费种类、借款人综合还款能力、贷款风险等因素由借贷双方协商确定。对确因自然灾害和疫病等不可抗力导致贷款到期无法偿还的，在风险可控的前提下可予以合理展期。

◆ **农村小额贷款的贷款利率如何？**

当前小额贷款利率的确定实行贷款利率定价分级授权制度，法人机构应对分支机构贷款权限和利率浮动范围一并授权。分支机构应在法规和政策允许范围内，根据贷款利率授权，综合考虑借款人信用等级、贷款金额、贷款期限、资金及管理成本、风险水平、资本回报要求以及当地市场利率水平等因素，在浮动区间内进行转授权或自主确定贷款利率。

◆ **农村小额贷款贷款手续是怎样的？**

农村小额贷款的手续有着越来越简化的趋势。《中国银监会关于银行业金融机构大力发展农村小额贷款业务的指导意见》规定：

（1）在确保法律要素齐全的前提下，坚持便民利民原则，尽量简化贷款手续，缩短贷款审查时间。

（2）全面推广使用贷款证，对已获得贷款证的农户和农村小企业，凭贷款证和有效身份证件即可办理贷款手续。

（3）增加贷款申请受理的渠道，在营业网点设立农村小额贷款办理专柜或兼柜，开辟农村小额贷款绿色通道，方便农户和农村小企业申请贷款。

（4）协调有关部门，把农户贷款与银行卡功能有机结合起来，根据条件逐步把借记卡升级为贷记卡，在授信额度内采取"一次授信、分次使用、循环放贷"的方式，进一步提高贷款便利程度。

◆ 进行农业贷款时可获得什么样的优惠？

农业信贷补贴为我们提供了优惠政策，它是指农村居民、特别是贫困阶层没有储蓄能力，农村面临着慢性资金不足的问题，而且由于农业的产业特性（收入的不确定性、投资的长期性、低收益性等），它也不可能成为以利润为目标的商业银行的融资对象。所以，为增加农业生产和缓解农村贫困，有必要从农村外部注入政策性资金，并建立非营利性的专门金融机构来进行资金分配。

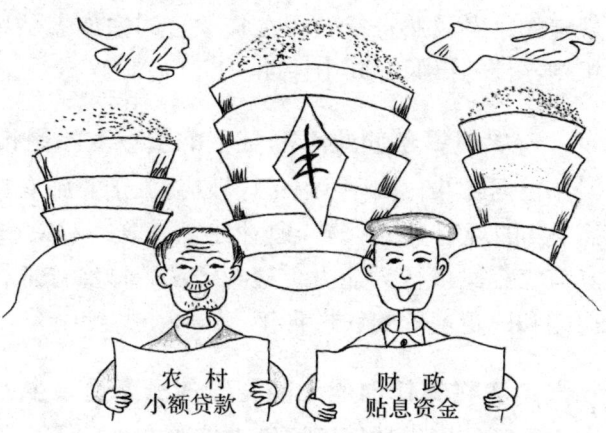

为缩小农业与其他产业之间的结构性收入差距，对农业的融资利率必须较其他产业低。考虑到地主和商人发放的高利贷及一般以高利为特征的非正规金融使得农户更加穷困和阻碍了农业生产的发展的情况，为促使其消亡，通过银行的农村支行和农业信用合作组织，将大量低息的政策性资金注入农村。

◆ 什么是小额担保贷款财政贴息资金？

小额担保贷款财政贴息资金，是指国家对符合规定条件的小额担保贷款借款人用于从事微利项目的小额担保贷款、经办银行对符合规定条件的劳动密集型小企业发放的小额担保贷款给予的财政贴息资金。

根据国家规定，贴息资金可用于支持完善地方担保基金的风险补偿机制和小额担保贷款奖励机制。担保机构，是指按照《小额贷款办法》的规定，受托运作小额贷款担保基金的担保机构。经办银行，是指与担保机构签订合作协议的国有独资商业银行、股份制商业银行、城市商业银行、城乡信用社等金融机构。

小额担保贷款贴息，在规定的借款额度和贴息期限内，按实际借款额度和计息期限计算。

借款人和小企业须凭劳动保障部门审核确认意见，向经办银行办理贴息贷款申请。经办银行对借款人和小企业的贷款申请进行审核,符合有关规定的,发放贴息贷款,在贷款合同中加盖贴息贷款专用章,并在与担保机构签订的担保合同中注明。

◆ **农村青年创业小额贷款的贷款对象是谁?**

根据《共青团中央中国银监会关于实施农村青年创业小额贷款的指导意见》的规定,农村青年创业小额贷款的对象是年龄在40周岁(含)以下,具有完全民事行为能力,遵纪守法,诚实守信,无不良信用记录,有创业愿望和一定基础的农村青年。

◆ **农村青年创业小额贷款的额度是多少?**

小额信用贷款额度原则上控制在3万元以内,一般不超过5万元;抵押、质押和保证担保(含联保)贷款额度视借款人实际风险状况,可在信用贷款额度基础上适度提高。

◆ **农村青年创业小额贷款的期限是多长?**

贷款期限一般设定在3年以内,最长不超过5年,具体还款期限可由借、贷双方共同商定。贷款利率执行在人民银行公布的同期贷款利率基础上有适当优惠。

◆ **农村青年创业小额贷款的发放方式是怎样的?**

在授信额度内采取"一次授信、随用随贷、循环使用"的方式发放贷款。符合贷款条件的农村青年自愿向所在地团组织尤其是乡、村两级团组织进行申请。可采用抵押、质押,自然人担保、法人担保等多种担保形式。

◆ **创业融资时需要注意什么问题?**

进行创业融资决非简单易事,这里有许多需要注意的问题:

(1)要按经济规律办事才能得到银行贷款的支持。

(2)初始创业不要好高骛远,应该量力而行,银行才愿意贷款支持。好大喜功不仅会害了自己,还会因为影响还款能力而殃及银行。

(3)以规模经济确定生产规模。

(4)应用科技新成果时,要坚持做到技术上的先进性、可行性与经济上的合理性、效益性相结合，一定会得到银行的大力支持。

（5）选择合适的借款申请时间。

（6）安排并落实自有资金。

◆ **初始创业时怎样才能获得银行的贷款支持？**

在农村经济发展过程中，一般都会受到资金的约束。在银行贷款规模有限、大家发展机会均等的条件下，借款技巧就显得尤其重要。因此要做到：

（1）精心设计项目的可行性研究报告。一个令人眼前一亮的可行性研究报告，对于争取项目贷款的优先支持具有十分重要的作用。

（2）权威审批、评估。所谓权威审批与评估，就是要使项目在行政上取得高层次主管部门的审批批文。

（3）突出项目的特点。

（4）多走几家银行。

（5）选择借款时机。选择借款时机，要处理好既有利于保证项目用款的资金及时到位，又便于银行调剂安排信贷资金，调度信贷规模的关系。

（6）企业与银行谈判应采取灵活多样的谈判形式，并合理配置谈判人员。

◆ **经营活动异常时怎样获得银行追加贷款的支持？**

对生产经营异常的企业，银行根据信贷政策的规定要求，一般不增加贷款，并视不同情况还将扣收部分原有贷款。这对我们继续维持生产经营活动无疑是雪上加霜。一般根据生产经营异常的类型和原因，可供选择的贷款种类主要有：流动资金周转贷款、流动资金临时贷款、技术改造与技术开发贷款等。要想争取得到银行贷款的继续支持，在申请上述贷款时，银行会要求提供经济担保或实物抵押。

◆ **当前的小额贷款存在着哪些问题？**

（1）思想认识不到位，部分机构作风不够扎实，工作不深入，坐门等客思想仍比较严重。

（2）业务发展不平衡，部分机构信贷管理能力较低，信贷电子化建设滞后，贷款手续繁琐，贷款操作不够规范，办理效率低，业务发展缓慢；部分机构对政策的领会不到位、执行比较僵化，一些机构还不同程度地存在授信额度"一刀切"、贷款利率"一浮到顶"等现象。

（3）农村信用建设滞后，征信体系尚未建立，担保机制不健全，农村金融消费者金融意识薄弱，部分农村地区信用环境较差。

（4）原有农村小额贷款制度滞后，利率定价机制不灵活，风险管理缺乏持续性，贷款用途、额度、期限等与农村需求不适应。

◆ 信用社投放贷款的对象有哪些？

（1）支持农村承包户、专业户发展农业生产和多种经营的贷款。

（2）支持农业科学技术的推广与应用的贷款。

（3）支持乡镇企业和集体、个体农民开拓新的生产领域的贷款。

（4）支持农村商业和供销部门搞活流通环节的贷款。

（5）支持农村集镇建设、繁荣农村经济，对农民从事商业、贩运、加工、储藏、运输、修理、饮食与服务型行业的贷款，凡合法经营，有还款保证的，信用社都应给予贷款支持。

◆ 信用社贷款的灵活性体现在哪几个方面？

（1）经营资金上灵活性。信用社吸收的各项贷款，在按照规定比例缴足存款准备金和备足业务周转金后，其余部分信用社可以充分自主运用，多存多贷，并可在信用社之间进行资金余额调剂。

（2）贷款范围和用途上的灵活性。在保证农业生产所需资金的前提下，可以经营农业工商信贷业务，凡国家政策、法令允许生产和经营的项目，能实现预期经济效益，保证按期归还，信用社都可以根据自己的资金力量自主给予贷款支持。

（3）自有资金比例和贷款期限可以适当灵活。信用社发放贷款，在符合国家政策、法令和贷款原则条件下，对于贷款的期限和使用贷款客户的自由资金比例可以适当灵活掌握。

（4）贷款实行浮动利率。信用社根据保本微利的原则，由人民银行在基准利率的基础上确定浮动的最高限，信用社区别贷款种类、贷款对象、经济效益大小和资信好坏，可自主决定是否实行浮动利率和浮动多少。

（5）贷款手续上灵活。信用社在机构设置、组织形式、工作方法等方面都必须面向农村，方便群众，有利于生产和经营，以简化贷款手续，提高业务处理效率。

◆ **信用社贷款的投放区域有哪些？**

农村信用合作社是一定区域内的农民群众和农村集体经济组织自愿入股建立起来的合作金融组织，其贷款的发放首先应保证本区域内农村经济的协调发展。在资金有余的情况下，才能进行区域外的社团贷款或资金调剂。我国农村经济总体发展水平低的现状决定着信用社基本上是在本区域内发放贷款。

◆ **什么是农村合作金融机构社团贷款？**

社团贷款，是指由两家及两家以上具有法人资格、经营贷款业务的农村合作金融机构，采用同一贷款合同，共同向同一借款人发放的贷款。

社团贷款借款人应当提供有效担保。社团贷款的最长期限原则上不超过5年。社团贷款可以展期1次。如贷款期限不超过1年，展期期限不得超过原贷款期限；如贷款期限超过1年，展期期限不得超过原贷款期限的一半。

◆ **社团贷款借款人应具备什么条件？**

社团贷款的借款人应具备以下条件：①在参加社团贷款成员社开立基本结算账户；②还款记录良好，近三年内没有发生拖欠贷款本息的情况；③符合国家产业政策要求，是与农业产业化经营和农村经济结构调整相关的企业；④符合法律法规对借款人规定的其他条件。

◆ **社团贷款一般投向哪里？**

社团贷款投向应根据国家产业政策、地方发展规划、各社经营管理能力确定，主要用于以下方面：①企业流动资金贷款；②企业购置固定资产、技术更新改造、设备租赁等中期贷款；③现金流量充足、能够按期还本付息的农业和农村基础设施项目。

◆ **社团贷款的工作流程是怎样的？**

（1）社团的各成员社应共同与借款人、担保人签订社团贷款合同。社团贷款各有关当事人分别在贷款合同上签字、加盖单位印章后，社团贷款合同成立。代理社有权要求借款人向其提供用于评估、审查贷款所需的有关材料。除牵头社和代理社外，其他成员社应主要以牵头社或代理社提供的借款人资料为依据对社团贷款进行独立评价，除非授权一般不直接向借款人索取资料或进行实地调查。

（2）社团贷款发放时，各成员社应按协议规定，将款项划至代理社指定的专用账户。代理社按合同约定，统一办理贷款资金划付借款人账户的相关业务。借款人应按照借款合同的约定，保证贷款用途，及时向代理社划转贷款本息，定期如实向代理社提供用于评估、审查项目所需要的有关材料，报送资产负债表、利润表和现金流量表，通报项目建设进度等情况。

（3）借款人应直接向代理社归还贷款本息，代理社收到借款人归还的各期贷款本息后，应严格执行协议约定，在规定时限内，按照各成员社承担的贷款比例同时将资金划付各成员社账户。

借款人出现违约行为，代理社应迅速提议召开社团会议，议定对借款人的处理意见，对其采取停止贷款、提前收回贷款、实行联合制裁、向人民法院提起诉讼等措施。

◆ **社团贷款合同应包含哪些内容？**

签订社团贷款合同主要包括以下内容：

（1）借贷当事人。

（2）贷款安排：贷款金额、贷款社及其承担的贷款金额、贷款用途、贷款期限等。

（3）提款：提款期、首次提款前提条件、后续提款前提条件、对提款的有关要求、所提款项入账时间等。

（4）担保：担保方式、担保人等。

（5）还款：还款计划、所还款项到账时间、提前还款条件、展期条件等。

（6）利息：利率、计息方式、利息划付方式等。

（7）违约责任及承担方式。

◆ **金穗惠农卡会给我们带来哪些用处？**

金穗惠农卡是中国农业银行面向农户发行的银联标准借记卡产品，它除具有金穗借记卡存取现金、转账结算、消费、理财等各项金融功能外，还向持卡人提供农户小额贷款载体、财政补贴代理等特色服务功能,并提供一定的金融服务收费减免优惠。惠农卡卡号标识为"622841",设主卡和附属卡,主附卡采用不同卡面。

金穗惠农卡除具有金穗借记卡存取现金、转账结算、消费、理财等各项金融功能外,还可向持卡人提供交易明细折、农户小额贷款载体、农村社保医保身份识别及费用代缴代付、农村公用事业代收付、财政补贴代理等多种特色服务功能。

◆ **怎么办理金穗惠农卡?**

银行网点人员会到申请人所在村进行集中办理,申请人也可以到已经开办此项业务的网点柜台单独办理。

批量申领程序:

(1)申领人向村委会等农业银行合作机构提出办卡申请,申请时须填写申请表,并提供户口簿和居民身份证复印件。

(2)村委会等合作机构核实申请人信息后,将申请材料批量提交所在地农业银行网点进行审核。

(3)对于符合发卡条件的,网点在系统中进行批量开卡(但不激活),并将完成开卡的卡片及卡号清单交村委会等合作机构签收。

(4)村委会等合作机构按照卡号清单,将卡片发给申领人签收。

(5)申领人持惠农卡、户口簿和居民身份证原件到所在地农业银行网点办理卡片改密激活(可根据情况提供上门激活服务)。激活后的惠农卡方可正常使用。

单独申领程序:

(1)申领人持户口簿、本人居民身份证原件及合作机构对其身份证明的介绍信等到农业银行网点填写金穗惠农卡申请表。

(2)网点对申领人提交的申请资料进行审核,对于符合发卡条件的当场开卡、并由申领人自行设置密码。开卡完成后惠农卡即可使用。

◆ 什么是惠农信用卡？

惠农信用卡是中国农业银行专为具有良好信用观念的县域及农村高端客户量身定做的借贷合一型特色产品，是农业银行金穗卡系列产品之一。惠农信用卡不但可以作为支付结算、储蓄理财的工具，更可以通过农业银行授信，满足短期、频繁的资金周转需求，并提供多项个性化辅助功能，全面服务于持卡人的生产生活。

◆ 惠农信用卡有哪些功能？

（1）借贷合一，即时用信。惠农信用卡具有强大的借贷合一功能，顾客可以开立活期和多个定期子账户，并将自有资金存入获得存款利息；而且，领卡后无需办理其他手续，就可以在农业银行核定的授信额度内直接透支、即时用信，灵活安排自己的生产经营资金、管理家庭财产。

（2）循环透支，快速周转。在农业银行核定的授信额度内，顾客可以根据自己的资金情况随时借款及还款，利息按照实际使用天数计算，还款后授信额度就将立即恢复并可再次使用，实现资金的快速周转，最大限度节约资金使用成本、实现资产增值。

（3）全额取现，使用方便。顾客不但可以消费透支，还可以取现透支和转账透支。其中，取现透支和转账透支的比例最高可达授信额度的100%，最大限度地满足不同用途的资金需求。

（4）高额授信，担保灵活。可以通过信用担保、保证担保、质押担保和抵押担保等多种担保方式获得惠农信用卡的授信。结合顾客的资信状况和担保方式，授信额度最高可达30万元。

（5）定活合一，管理轻松。在惠农信用卡下可同时开立人民币活期账户和多个人民币定期子账户，不需其他卡片或存单，一卡在手就可轻松管理活期存款和定期存款。

（6）代理缴费，省心省力。农业银行可以通过惠农信用卡代缴纳水费、电费、通讯费、有线电视费等多种费用，免去顾客的奔波劳累。当账户自有资金不足时，还可以在授信额度内，以不超过1000元的透支款项缴纳上述费用。

（7）主卡附卡，额度共享。顾客可以根据自己的情况，为家人或朋友开立多张附属卡，让他（她）们共同使用卡内的自有资金，或根据顾客的要求，共同使用农业银行核定的授信额度。

（8）支付控制，全面掌控。可以根据顾客的要求，对附属卡的支付次数、金额以及是否具备透支权限等进行控制，也可以随时注销附属卡，能够灵活掌控附属卡的使用。

◆ **惠农信用卡的申领条件及方式是什么样的？**

申领条件为只要在发卡行所在地有固定住所、具有稳定收入和完全民事行为能力，即可申请惠农信用卡（个人卡），还可以为具有完全民事行为能力的他人申领附属卡。

申领惠农信用卡时必须提供身份资料，发卡行有权要求申领人提供收入证明、工作证明、资产证明等资信证明资料的一种或几种；以担保方式开卡的，按照中国农业银行担保业务的有关规定提供身份资料和担保资料。详细如下：

（1）身份资料。包括本人有效身份证件的原件及复印件。

（2）收入证明资料。包括银行出具的最近3个月的代发工资记录；单位开具的收入证明；所得税扣缴凭证；公积金、养老保险、医疗保险、失业保险缴款证明；经营纳税证明等。

（3）工作证明资料。包括工作证（牌）、工作合同、出入证等。

（4）资产证明资料。包括自有住宅类、商业类房屋产权证明；机动车行驶证；金融资产证明等。

（5）其他证明资料。包括家庭住址最近3个月的固定电话费单、水电费单、煤气费单或物业缴费单；房屋租赁合同及最近3个月的租金证明；其他证明固定住址证明资料。

◆ **中国农业银行的农户小额贷款是什么样的？**

农户小额贷款是指中国农业银行按照普惠制、广覆盖、商业化的要求，对农户家庭内单个成员发放的小额自然人贷款。每户农户只能由一名家庭成员申请农户小额贷款。

办理流程包括借款人提出贷款申请,提交材料,接受银行调查,银行审批通过后,与借款人签订授信合同。

中国农业银行的农户小额贷款有什么特色?

农户小额贷款有如下特色:

(1)贷款方式灵活。农户在满足条件的情况下,可采用保证、抵押、质押、农户联保等多种方式申请贷款。

(2)用款方式灵活。根据用款方式不同,农户小额贷款分为自助可循环方式和一般方式。自助可循环方式下,在核定的最高额度和期限内,借款人可随借随还,通过自助借款方式提款、还款;一般方式下,农业银行对借款人实行一次性放款,一次或分次收回。具体用款方式由借款人与农业银行协商决定。

(3)节省利息。自助可循环方式下,农户小额贷款按照贷款的实际使用天数计息,可最大程度地减少借款人的利息支出。

◆ **什么是县域商品流通市场建设贷款**?

县域商品流通市场建设贷款指对项目所有权人发放的用于县内商品流通市场建设的固定资产贷款。县(含县级市)支行所在行政区域都被称为"县域"。县域范围内农副产品、文化用品、服装家具、装饰建材、五金钢材、种子化肥等流通市场建设以及非县域范围内的农副产品批发市场建设贷款都可申请此种贷款。

◆ **县域商品流通市场建设贷款有何功能**?

这种贷款的功能特色是县域商品流通市场建设贷款合理设定了借款人准入标准和项目准入标准,主要满足各类商品流通市场提供交易用固定场所及交易必须的配套设施产生的资金需求。固定场所包括交易厅、商铺等,配套措施主要包括配套仓库、水电道路、保险储藏冷库、停车场、办公用房、安全检测系统、市场信息化系统、商户生活服务等市场附属设施。

◆ **怎样办理县域商品流通市场建设贷款?**

办理县域商品流通市场建设贷款流程如下:

(1) 借款人提出申请并提交相关材料。
(2) 银行进行调查、审查、审批。
(3) 签订借款和担保合同。
(4) 核定担保,办理抵押登记手续。
(5) 根据合同约定逐笔核贷,逐笔放贷。
(6) 积极开展贷后管理工作。
(7) 按期足额收回信用。

◆ **什么是化肥淡季商业储备贷款?**

化肥淡季商业储备贷款指中国农业银行根据借款人申请,向其提供用于开展化肥淡季商业储备业务的短期流动资金贷款。也适用于农业银行向借款人开展化肥淡季储备业务而提供的票据承兑、贴现、保函、期限不超过90天的短期信用证及其他国际贸易融资等业务。

化肥淡季商业储备业务是指每年进入化肥使用淡季后，化肥流通企业将淡季生产的化肥储备一部分，存到用肥旺季时再集中投放市场的经营活动。其中，与国家发改委及财政部签署了有效的《化肥淡季商业储备承储协议书》，能够按照协议约定开展化肥淡季商业储备业务的企业称之为"承储企业"，其他从事化肥淡季商业储备业务的企业称之为"一般企业"。

◆ **化肥淡季商业储备贷款的特色是什么样的？**

化肥淡季商业储备贷款主要满足"承储企业"和"一般企业"因开展化肥淡季商业储备业务产生的流动资金需求，主要具备两大显著特点：

（1）为企业制定了化肥质押担保方案，以企业储存的化肥设定动产质押，为化肥流通企业增加了有效担保方式。

（2）针对化肥流通企业特点，化肥淡季商业储备贷款为企业增加了特别授信方式，为企业贷款拓宽了授信空间。所有经授权的营业机构均可办理。

◆ **怎样办理化肥淡季商业储备贷款？**

办理化肥淡季商业储备贷款流程如下：

（1）客户提出申请并提交相关材料。

（2）银行进行调查、审查、审批。

（3）签订借款和担保合同。

（4）核定担保，办理抵、质押登记手续。

（5）根据合同约定发放贷款。

（6）积极开展贷后管理工作。

（7）按期足额收回信用。

◆ **农村城镇化贷款指的是什么？**

农村城镇化贷款是农业银行在县域范围内向借款人发放的，用于改善县域生产生活条件、提升县域经济承载功能的各类基础设施建设开发贷款。

农村城镇化贷款的基本贷款品种为项目贷款，按照还款来源分为城镇化一般项目贷款和城镇化垫支性项目贷款。

◆ 什么是城镇化一般项目贷款？

城镇化一般项目贷款是指以新建项目法人或既有法人为承贷主体，以项目自身现金流或既有法人综合收益为还款来源提供的融资。

◆ 什么是城镇化垫支性项目贷款？

城镇化垫支性项目贷款是指项目自身收益或既有法人综合收益不能全额还款，以项目建成后的财政拨付资金为部分或全部还款来源而提供的融资。

◆ 农村城镇化贷款功能特色是什么？

农村城镇化贷款可满足借款人因市政基础设施建设、城镇公共设施建设、县域园区建设、县域流通市场建设、旅游基础设施建设、农村基础设施建设、县域土地整理等固定资产投资项目时资金不足的融资需求。

◆ 什么是农村基础设施建设贷款？

农村基础设施建设贷款是指用于中央和省级财政主导投资建设的农村基础设施建设项目，财政承诺全部偿还本息的贷款。农村基础设施贷款期限按照项目总投资规模和财政资金到位计划合理确定，一般不超过20年（含）。利率按照中国人民银行和农业银行有关规定执行。

◆ 农村基础设施建设贷款有什么特征？

（1）在贷款用途上，主要投向与国计民生相关的农村水、电、路、气、医疗和教育等公益性项目。

（2）在资本金要求上，根据《国务院关于固定资产投资项目试行资本金制度的通知》中关于"公益性投资项目不实行资本金制度"精神，对资本金未作强制要求。

（3）在贷款期限上，根据农村基础设施项目和财政投资特点，适当延长贷款期限，最长不超过20年。上述特征，符合农村基础设施建设资金运行的一般规律，在农村基础设施建设领域具有较强的应用性。

◆ 怎样办理农村基础设施建设贷款？

（1）客户提出申请并提交相关材料。

（2）银行进行调查、审查和审批。

（3）签订借款合同。

（4）办理抵、质押登记等手续。

（5）贷款一次性发放或根据合同约定的最高额度和期限分次发放。

（6）借款人按约定还款方式偿还贷款本息。

（7）办理结清贷款手续。

◆ **农村信用社农户小额信用贷款是做什么的?**

农户小额信用贷款的对象是农村信用社辖区内年满18周岁、具有完全民事行为能力的农村户口居民。最高贷款额度为5万元。根据农户借款用途、生产周期、合理确定期限。贷款利率执行中国人民银行同档期利率，下限为基准利率，上限为基准利率的2.3倍。

贷款用途包括：

（1）种植业、养殖业贷款。

（2）小型农机具贷款。

（3）围绕农业生产的产前、产中、产后服务等贷款。

（4）建房、购房、购置耐用消费品等生活消费类贷款。

（5）其他符合国家农业产业政策的生产经营活动的资金需求。

◆ 农村信用社小额信用贷款的贷款条件有哪些？

（1）申请人具有合法身份。

（2）农户系信用社辖区农户。

（3）申请人具有完全民事行为能力。

（4）申请人或家庭成员具备劳动生产或经营管理能力。

（5）申请人有稳定的经济收入。

（6）申请人信用良好，有偿还贷款本息的能力。

（7）农村信用社规定的其他条件。

◆ 申请信用社农户小额贷款需要提交的资料有哪些？

需要提交的资料有：①身份证件复印件；②《农户贷款证》；③申请人印章；④农村信用社要求的其他材料。

◆ 申请信用社农户小额贷款流程是怎样的？

（1）农户向信用社提出评定申请。

（2）客户经理对提出申请的农户进行调查。

（3）客户经理填写《农户经济档案》。

（4）信贷业务审批小组评定农户信用等级，核发《农户贷款证》。

（5）农户与信用社签订借款合同。

（6）农户持本人身份证和《农户贷款证》办理贷款。

（7）农户按合同约定期限和金额还款。

◆ 什么是农村信用社小企业联保贷款？

联保贷款是指农村信用社辖区多个小企业组成联保组并签订协议，在借款人不能按约偿还贷款时由联保组成员承担连带责任的贷款。联保贷款贷款利率按照中国人民银行及农村信用社利率管理的有关规定执行。信用社根据小企业借款用途、生产经营周期以及资金周转确定贷款期限，但贷款最长期限（含展期）不得超过2年。

贷款用途主要包括购买原（辅）材料，企业短期营运周转资金，设备的技术改造，购买专利权、商标权、特许经营权等知识产权，购买、维护固定资产。

◆ **农村信用社小企业联保贷款的办理流程是怎样的?**

（1）联保小组成员向农村信用社提出成立联保组织申请。

（2）农村信用社经过调查、审查、审批环节后，确定联保小组各成员的联保贷款授信额度，签订《小企业联保贷款协议》和《小企业联保最高额借款合同》。

（3）小企业在确定的联保贷款授信额度及一定期限内，可随用随借、循环使用。

◆ **信用社对小企业联保贷款对象的要求有哪些?**

联保贷款的贷款对象为经工商行政管理机关核准登记、应税年销售收入低于1000万元的企业法人和其他经济组织。且必须符合以下要求：

（1）持有合法有效贷款卡。

（2）主要营业场所在农村信用社服务的社区范围内。

（3）有按期还本付息能力，没有不良信用记录。

（4）产权关系明确。

（5）经营项目符合国家产业政策，生产经营正常、产品有市场、经营有效益。

（6）农村信用社规定的其他条件。

◆ **小企业成立联保小组应具备哪些条件?**

（1）联保小组成员不得少于3户，且均在同一信用社开立基本账户。

（2）借款人和各成员的有效资产负债率应低于50%。

（3）单一借款人只能加入一个联保小组。

（4）所有联保小组成员都应符合或超过农村信用社设定的能够申请联保贷款的最低标准。

（5）联保小组成员不是关联方。

◆ **农村信用社农户联保贷款指的是什么?**

农户联保贷款是指信用社辖区内信用户在自愿的基础上组成联保小

组,并签订《农户联保协议》,信用社对联保小组成员发放的超出小额信用贷款授信额度的贷款。农户联保贷款实行"个人申请、多户联保、周转使用、责任连带"管理。是用于对贷款需求超出小额信用贷款授信额度的信用户而发放的贷款。

农户联保贷款的客户对象、贷款条件、用途、期限、利率、提交材料及贷款流程与农户小额信用贷款基本相同。

◆ **农户联保小组成员具备的基本条件有哪些?**

(1)已经被评为信用户。
(2)具有生产经营资金需求。
(3)具有完全民事行为能力和完全民事权利能力,诚实守信,单独立户,经济独立,在信用社辖区内拥有固定住所。
(4)自愿签订和遵守联保协议。
(5)从事符合国家农业产业政策规定的经营活动。
(6)居住在信用社服务区内,资信状况较好。
(7)信用社要求的其他条件。

◆ **什么是生源地国家助学贷款?**

生源地国家助学贷款是农村信用社办理的,对考取省、市属和中央部门属高校的贫困学生的一种贷款业务。它是商业银行集中办理国家助学贷款的补充和完善,是由农村信用社按照金融政策和规定办理,需要按时归还贷款本息的业务。

生源地国家助学贷款以学费贷款为主。学费贷款金额按学生当年就读高校专业学费标准,一般不得超过每年6000元。贷款期限以第一笔贷款日期为起始日期计算,一般不超过8年。该种贷款利率按中国人民银行规定的基准利率执行,不上浮。

◆ **哪些学生可办理生源地国家助学贷款?**

生源地国家助学贷款的贷款对象是被省、市属和中央部门属全日制普通高等学校招收,入学前户口在管辖区内的家庭经济困难的全日制专、本科学生及研究生（包括第二学士学位）本人，其父母、法定监护人或当地农村信用社认可的其他自然人。

因学生本人的流动性较大，与生源地的农村信用社联系不方便，原则上由学生的父母、法定监护人或当地农村信用社认可的其他自然人作为借款人。

◆ **申请生源地国家助学贷款的条件有哪些?**

（1）符合下列条件之一的学生：①孤、残学生及烈士子女，且无正常经济来源的学生；②遭遇自然灾害，家庭收入严重下降，正常学习、生活受到较严重影响的学生；③父母双方失业，且无固定经济来源的学生；④父母一方失业，另一方收入不足以维持正常学习和生活的学生；⑤家庭主要收入创造者因故丧失劳动能力，导致正常学习、生活有危机的学生；⑥家有严重病人，造成家庭经济异常拮据的学生；⑦老、少、边、穷及偏远农村中家庭收入不足以支付正常学费的学生。

（2）受托借款人信誉良好，在农村信用社无不良记录。

（3）具体使用贷款的学生学习成绩优秀，被辖区内全日制普通高等学校正式录取，并拿到录取通知书。

（4）学生遵守国家法律、法规和学校规章制度，无违法、违纪记录和其他不良信用记录。

（5）符合生源地国家助学贷款规定的其他条件。

◆ **申请国家助学贷款需要提交哪些资料?**

申请生源地国家助学贷款，应如实填写农村信用社提供的生源地国家助学贷款申请表（书），并提供下列材料：

（1）申请助学贷款学生的入学通知书或《学生证》。

（2）高校缴费通知。

（3）就读高校账户名称及账号。

（4）贷款申请人及担保人有效居民身份证明及复印件。

（5）农村信用社要求的其他相关资料。

◆ 申请国家助学贷款的流程是怎样的?

①申请人申请国家生源地助学贷款;②贷款审批;③签订借款合同;④发放贷款;⑤申请人偿还贷款。

◆ 办理助学贷款时怎样选择助学贷款类型?

选择助学贷款时一定要选择适合自己的助学产品。现有各家银行提供的助学贷款产品在一些细节上还是略有不同的,你首先要做的是分析自己的需求。

如果你有特别的要求,只有某一家银行提供的特色产品可以满足,那么你应该定向选择这家银行的助学贷款。比如说,你家庭困难,想申请财政贴息贷款,那么应该申请中国工商银行的国家助学贷款;如果你工作后又选择了到中欧工商大学深造,苦于学费太高,那么可以考虑招商银行的助学贷款。

由于助学贷款都是由学校直接与银行联系的,你首先应在申请助学贷款时向学校表明你对这家银行助学贷款产品的需求。如果没有特别的需求,则一般你所在的学校都有定点做助学贷款的银行,就不需另作选择了。

◆ 怎样合理确定助学贷款金额?

确定合理的贷款金额。助学贷款每年的最高限额是由贷款银行和国家教委共同商定的,借款学生所要确定的就是自己是否要借满最高限额。如果不借满最高限额,具体借款金额是多少,以及其中学费贷款和生活贷款的比例等是需要考虑的。一般来说,借款学生需要考虑以下因素:

助学贷款改变了我的人生

(1)个人和家庭目前的经济状况。如果个人和家庭经济情况较差,则借款学生大部分的学习、生活费用要依赖贷款解决；如果个人和家庭的经济条件足以负担一部分开支，则最好是用自有资金支付学费，而生活费以贷款解决。因为学费贷款是在学年开始即支付，而生活费用贷款每月发放，从贷款计息的角度来讲，生活费用贷款解决更合算些。

（2）个人生活开支的大致水平。借款学生需要预测自己每月大致的开支水平，以确定生活费贷款的数额。

（3）对未来几年内家庭经济情况的预测。如果借款学生碰到的家庭经济困难是暂时的，那么借款的金额能渡过暂时困难的这段时间就可以了。但如果对这段时期的长短难以做出明确的估计，为保险起见，则最好是将借款学生上学期间的花费都借足。因为银行的贷款要在实际逐笔发放时才开始计息，签约时多签一点并不会马上有利息负担，以后如果经济好转了，还可以申请提前还款。

（4）对未来个人还款能力的预测。借款学生如对自己未来的还款能力较有信心，则借款金额可以高到上限。决定借款学生未来还款能力的主要是借款学生未来的就业方向、薪资水平，而这与借款学生在校的学习成绩、个人能力、专业方向都有着较为密切的关系。

◆ 怎样还款比较划算？

一定要制定可行的还款计划。还款计划包括这样几项内容：

（1）开始还款的时间。目前银行允许学生在校期间开始还款，也可以在毕业后4年内还款。一般而言，选择在校期间开始还款的，多为那些家庭发生暂时经济困难而申请贷款的学生，他们预定在家庭经济情况好转后即还清贷款；而大部分准备自行还款的学生，都选择了在工作以后开始还款。

借款学生在工作后开始还款的方式体现了助学贷款培养青年自强自立精神的本意，也有利于借款学生在校期间集中精力学习。如您的家庭属于前一种情况，建议在签约时也定为毕业后开始还款，因为目前银行的助学贷款利率是不分期限档次的，多定几年并不承担额外的利息，期限宽松一点对您的家庭和借款学生而言压力都会小一些，而过两年如经济情况好转可以提前还款。

（2）还款方式。分次偿还或一次性偿还。分次偿还和一次性偿还在利息上是有差别的，如果一次性偿还的时间与分次偿还首期支付的时间一致，则分次偿还方式要支付较多的利息；如果一次性偿还发生在分次偿还的末期支付时，则分次偿还较一次性偿还支付的利息要少。

从对借款人的压力来看，一次性偿还压力集中，分次偿还压力分散，也有利于借款人有计划地安排还款。由于签约时贷款学生对自己未来的收入情况并不能完全确定，建议选择对自己约束较小的还款方式。

以下这几种还款方式，对借款学生的约束程度递增，但利息负担递减，借款人的计划性递增，借款学生可以根据自身情况选择：一是毕业4年后一次性还款；二是毕业后4年内每年还1/4；三是毕业后4年内每半年还款1/8；四是毕业后4年内每季度还款1/16。

（3）最后还款期限。目前银行一般给定还款期限最长不超过学生毕业后4年。建议借款学生在签约时将最后期限定在银行所给予的最长期限，周转余地就较宽松。

◆ 办理助学贷款时选择什么样的担保？

在我国目前信用尚不发达的情况下，银行审核助学贷款，主要考察的一项内容就是贷款担保。所以，可靠有效的担保对是否能如愿取得助学贷款是比较重要的。

对于一般的商业性贷款，银行对担保的要求一般是：最好是抵押或质押，其次是法人担保，最后才是自然人担保，且自然人担保只有在个人贷款时才应用。

不过，由于助学贷款是以帮助经济困难学生、支持教育事业发展为宗旨，也由于助学贷款金额一般都不会太大，依照每年银行和教委统一商定的最高放款金额，4年下来学费和生活费合计仅在3万元左右，银行目前在操作实践中是比较愿意接受自然人担保的。况且，在实际操作中，每年都有大批入学新生申请助学贷款，对于借款学生和银行来说，自然人担保的手续最简便。

对自然人担保，银行有其审核标准。自然人品德诚实、无违法乱纪行为是起码的条件。为保证其担保能力，该自然人必须有稳定的工作和收入。由于银行着重的是持续稳定的还款能力，在考核担保时，一个富有的自由职业者可能不如一收入中等的公司职员打分高。

◆ 农村信用社个人汽车消费贷款是怎么一回事？

个人汽车消费贷款是指向个人发放的用于购买非营运汽车的人民币贷款。非营运汽车指从公安交通管理部门取得机动车辆注册证明文件的个人生活使用的车辆。其贷款对象是18周岁（含）至60周岁（含）具有完全民事行为能力的自然人。

个人汽车贷款期限（含展期）最长不超过5年（含）。贷款利率可在中国人民银行同档期基准利率上适度浮动。借款人贷款金额不得超过所购汽车价格的80%。汽车价格是指汽车实际成交价格（不含各类附加税及保费等）与汽车生产商公布的价格的较低者。

个人汽车消费贷款可采取等额本息法、等本递减法或其他方法提前归还全部或部分贷款。

◆ 个人汽车贷款借款人必须具备哪些条件？

（1）借款人是中华人民共和国公民，或在中华人民共和境内连续居住1年以上（含1年）的港、澳、台居民及外国人。

（2）具有完全民事行为能力，持有合法有效身份证件或境内长期居住证明。

（3）有固定的详细住址。

（4）具有稳定的合法收入或足够偿还贷款本息的个人合法资产。

（5）无不良信用记录。

（6）在经办联社开立个人账户，能够支付规定的首期付款。

（7）能提供经办联社认可的有效担保。

（8）愿意接受经办联社的监督。

（9）港、澳、台居民及外国人应在当地有稳定的职业和收入来源，指定一名具有一定经济实力、信誉良好的当地居民为联系人。

（10）资信评级条件符合农村信用社要求等。

◆ **申请个人汽车贷款需提供的资料都有哪些?**

（1）借款人有效身份证件的原件和复印件，以及户口证明或当地长期居住证明。

（2）借款人有关收入证明材料，包括工资收入证明、纳税凭证、公积金缴存证明、自有房屋出租证明、营运性收入证明等。以家庭收入偿还贷款的，还应当提供家庭其他成员的身份及收入证明材料。

（3）由汽车经销商出具的购车意向证明。

（4）购车首付款证明或拟首付的存于农村信用社存款的存单。

（5）抵押物、质押权利清单和有处分权人同意抵押、质押的证明，抵押物还须提交所有权或使用权证书、估价、保险文件，质押权利还须提供权利凭证。保证人同意保证的文件。以家庭共同财产提供担保的，应由配偶出具同意担保的书面材料。

（6）在农村信用社开立的个人账户凭证。

（7）农村信用社需要提供的其他资料。

◆ **申请个人汽车贷款办理程序是怎样的?**

①提供咨询；②资格、条件初审；③接受申请；④贷款调查；⑤贷款审查；⑥贷款审批；⑦签订借款合同；⑧发放贷款；⑨贷款本息偿还；⑩清户、撤押。

◆ **什么是信用社个人质押贷款?**

信用社个人质押贷款是借款人以合法有效、符合农村信用社规定条件的质物出质，向农村信用社申请取得的贷款。

这种贷款具有质物多样（如本人或他人的存单、国债）、手续简便、贷款额度高等特点。贷款期限一般为1年，最长不超过3年（含）。贷款金额一般不超过质物价值的90%。定期存款单质押贷款期限在1年以内的每笔贷款额度不超过质押凭证面额的90%；质押期限在1年以上的，每笔贷款额度不超过质押凭证面额的80%。贷款利率可在中国人民银行同档期基准利率上适度浮动。

◆ **个人质押贷款的申请条件有哪些?**

个人质押贷款申请条件有:

(1) 在中国境内居住,具有完全民事行为能力。

(2) 具有良好的信用记录和还款意愿。

(3) 具有偿还贷款本息的能力。

(4) 提供信用社认可的有效权利凭证作质押担保。

(5) 在农村信用社开立个人结算账户。

(6) 农村信用社规定的其他条件。

◆ **向银行申请个人质押贷款应提交什么资料?**

(1) 申请人本人的有效身份证件,以第三人质物质押的,还需提供第三人有效身份证件。

(2) 质物有效证明。以第三人质物质押的,还须提供第三人签署同意质押的书面证明。

(3) 农村信用社规定的其他资料。

◆ **信用社信通卡收费标准是什么样的?**

信用社信通卡的收费标准用下表可以清楚地表示出来:

信通卡收费标准

收费项目		收费标准	说明
年费		10元/卡(暂免)	从卡账户内自动扣收
工本费	开卡	5元/卡(暂免)	外收现金
	换卡	5元/卡	外收现金
	补卡	5元/卡	外收现金
挂失手续费	卡片挂失	5元/卡	外收现金
	密码挂失	5元/次	外收现金

续表

收费项目		收费标准	说明
系统内柜面交易	同城存款	免	
	同城取款	免	
	同城转账	免	
	异地存款	交易金额0.5%,最低1元,最高50元	外收现金
	异地取款	交易金额1%,最低1元,最高50元	从卡账户内自动扣收
	异地转账	参照异地系统内存取款收费标准	从转出卡账户内自动扣收
自助设备交易	ATM同城系统内取现	免	
	ATM异地系统内取现	交易金额1%,最低1元,最高50元	从卡账户内自动扣收
	ATM同城系统内转账	免	
	ATM异地系统内转账	参照异地系统内存取款收费标准	从转出卡账户内自动扣收
	CDM同城系统内存现	免	
	CDM异地系统内存现	交易金额0.5%,最低1元,最高50元	从卡账户内自动扣收
	同城跨行转账转出	转账金额1万元(含)以下的,每笔3元;转账金额1万元以上至5万元(含)的,每笔5元;转账金额5万元以上至10万元(含)的,每笔8元;转账金额10万元以上的,每笔10元	从卡账户内自动扣收
	同城跨行转账转入	免	
	异地跨行转账转出	每笔按交易手续费为金额的1%,最低为5元,最高为50元	从卡账户内自动扣收
	异地跨行转账转入	免	
	ATM同城跨行取现	2元/笔	从卡账户内自动扣收
	ATM异地跨行取现	2元/笔,加交易金额的1%(最低2元)。	从卡账户内自动扣收
	ATM境内跨行查询	免	
	ATM境外查询	2元/笔	从卡账户内自动扣收
	ATM跨境取现	15元/笔	从卡账户内自动扣收

续表

收费项目		收费标准	说明
农民工银行卡	农民工银行卡特色服务跨行查询	免	
	农民工银行卡特色服务跨行取款	按取款金额的0。8%收取,最低1元,最高20元。	从卡账户内自动扣收

◆ **买房资金不够时申请哪种贷款较合适**?

在买房资金不够的情况下,可申请住房抵押贷款。购房人在支付首期付款后,由银行代其支付余额,购房人分期向银行偿还贷款。购房人向银行提供的贷款担保是其新购房屋的房产权。

举个例子:张某看中了一套房子,价值10万元,但张某只有5万元。于是,他就可以向银行申请5万元的贷款,期限5年。买到房子后,房子的房产证由银行保存,作为张某贷款的担保。然后,张某每年偿还银行1万元贷款及利息,5年还清。

住房贷款偿还分两种形式:等额偿还和递增偿还。第一种情况下,贷款人每年要向银行偿还相同数额的贷款,这叫等额偿还。递增偿还的方式是专为年轻人设计的,银行为贷款人设计好利率,然后,随着时间的推移,贷款人需偿付越来越多的贷款。

◆ **老年人申请什么样的贷款比较合适**?

老年人用一辈子的积蓄买到一套房子后,手中的储蓄就所剩无几了。然而,老人却面临着高昂的消费支出,如医疗费、生活费。在这种情况下,将产生入不敷出的情况。于是,老人可向银行申请贷款。银行则一般每月发给老人固定的贷款,以维持其生活水平。待老人去世后,银行可拍卖他们的房产用以偿还贷款。

◆ 什么样的贷款被称做分期付款？

分期付款是指购买商品和劳务的一种付款方式。买卖双方在成交时签订契约，买方对所购买的商品和劳务在一定时期内分期向卖方交付货款。每次交付货款的日期和金额均事先在契约中写明。分期付款实际上是卖方向买方提供的一种贷款，卖方是债权人，买方是债务人。

分期付款方式通常由银行和分期付款供应商联合提供。银行为消费者提供相当于所购物品金额的个人消费贷款，消费者用贷款向供应商支付货款，同时供应商为消费者提供担保，承担不可撤销的债务连带责任。

分期付款的方式一方面可以使卖方完成促销活动，另一方面也给买方提供了便利。买方在只支付一小部分货款后就可以获得所需的商品或劳务，同时，因为分期付款中包括有利息，所以用分期付款方式购买同一商品或劳务，所支付的金额要比一次性支付的货款多一些。

参考文献

[1] 黄达. 金融学[M]. 北京: 中国人民大学出版社, 2007.
[2] 韩复龄. 农村金融合作机构员工学习读本[M]. 北京: 中国市场出版社, 2006.
[3] 戴国强. 货币银行学[M]. 北京: 高等教育出版社, 2005.
[4] 徐晓峰, 林晓言, 屈继成等. 现代金融实用知识问答[M]. 北京: 中华工商联合出版社, 2000.
[5] 戴建兵, 付祥国, 杨兆廷等. 中国农村金融研究[M]. 石家庄: 河北人民出版社, 2003.
[6] 王曙光. 农村金融与新农村建设[M]. 北京: 华夏出版社, 2006.
[7] 成思危. 改革与发展: 推进中国的农村金融[M]. 北京: 经济科学出版社, 2005.
[8] 马经文. 中国股民"散户兵法"[M]. 广州: 广东经济出版社, 2000.
[9] 庹国柱, 李军. 农业保险[M]. 北京: 中国人民大学出版社, 2005.
[10] 闫永夫. 中国农村金融业[M]. 北京: 中国金融出版社, 2004.
[11] 韩俊. 中国农村金融调查[M]. 上海: 上海远东出版社, 2007.
[12] 刘玲玲, 杨思群. 中国农村金融发展研究[M]. 北京: 清华大学出版社, 2007.
[13] 师玉兴. 国际金融[M]. 北京: 对外经济贸易大学出版社, 2007.